トマス・アクィナスにおける法と正義

―共同体の可能性をめぐって―

佐々木　亘著

教友社

蒔苗暢夫先生の思い出に

はじめに

本書は、「共同体の可能性」という観点から、トマス・アクィナスの法と正義を探ろうとするものである。もとより、アクィナスの法論と正義論は、主著である『神学大全（*Summa Theologiae*）』においても膨大な探求がなされており、その全容を解明することは、本書の射程をはるかに超えている。

本書は、二〇一四年、南山大学から博士（宗教思想）の学位を取得した博士論文「共同体と連帯性――トマス・アクィナスにおける神的共同体――」を加筆修正したものである。筆者の研究はつねに「人間とは何か」という問いから出発している。この問いを「似姿（imago）」と「主（dominus）」という、二つの用語を手がかりにして探求し、京都大学から博士（文学）の学位を受け、最初の単書『トマス・アクィナスの人間論――個としての人間の超越性――』（二〇〇五年）を出版した。次いで、「共同体の部分」としての人間と共同体との関係を探り、神戸大学から博士（経済学）の学位を受け、二番目の単書『共同体と共同善――トマス・アクィナスの共同体論研究――』（二〇〇八年）を出版した。そして、三番目の博士論文では、「神的共同体」という観点から、共同体における人間の連帯性を探っている。本書は、この博士論文をもとに、「人間とは何か」という問いをさらに深めようとする試みにほかならない。

そもそも、「人間」という存在そのものに法と正義はどのようにかかわっているのであろうか。法と正義のもとで、人間にはいかなる方向性が見いだされるのであろうか。このような問いは、アクィナスの生きた時代だけではなく、現代においてもきわめて大きな重要性を有している。本書では、可能なかぎり、この重要性へと迫っていきたい。

目次

はじめに …… 3

序　トマス・アクィナスにおける法と正義 …… 13

第一節　究極目的と共同善――人間論と共同体論　13
第二節　神的共同体――摂理と統宰　15
第三節　人間的行為の可能性――功徳と罪業　17
第四節　共同善としての神――至福と愛徳　19
第五節　人間における連帯性――法と正義　21
第六節　トマス・アクィナスにおける法と正義――本書の構成　23

第一部　神的共同体とペルソナ

第一章　神的共同体と秩序 …… 31

第一節　聖なる教え――神的共同体の神学的背景　31
第二節　神への運動――神的共同体の人間論的背景　34
第三節　共同体の完全性――神的共同体の共同体論的背景　37
第四節　神的共同体と秩序――他者への秩序づけ　39

第二章　神的共同体における似姿……47

第一節　似姿としての人間――範型である神　47
第二節　似姿の概念――人間と御子　50
第三節　似姿としての表現――神への認識と愛　53
第四節　究極目的としての神――似姿の運動　55
第五節　神的共同体における似姿――似姿としての主　57

第三章　神的共同体とペルソナ……63

第一節　似姿の表現――神学の普遍性　63
第二節　主と僕――相対的関係　65
第三節　現実態としての目的――人間的行為の根源と終局　67
第四節　人間的行為における能動と受動――主の主権　69

第五節　神的共同体とペルソナ――人間の神的可能性　71

第二部　神的共同体と自然法

第一章　神的共同体における能動と受動……79

第一節　似姿と主――受動性を前提にした能動性　79
第二節　共同体の部分としてのペルソナ――目的としての共同善　81
第三節　法的正義とペルソナ――法による秩序づけ　83
第四節　究極目的である共同善――法の本質　85
第五節　神的共同体における能動と受動――道としてのキリスト　87

第二章　永遠法と自然法……93

第一節　永遠法の分有――神的な光の刻印　93
第二節　認識と傾き――理性的本性と永遠法　95
第三節　永遠法への傾き――永遠法における能動と受動　98
第四節　神の摂理と人間的行為――自然法の可能性　101
第五節　永遠法と自然法――自然法における能動と受動　104

第三章　神的共同体と自然法……110
第一節　実践理性と思弁的理性――存在と非存在　110
第二節　自然本性的傾きと自然法――善と目的　112
第三節　人間における自然法――実体・動物・理性的存在　115
第四節　意志の傾き――自然本性的な愛　118
第五節　神的共同体と自然法――神への傾き　121

第三部　神的共同体と正義

第一章　自然法と正義……129
第一節　神認識と社会的生活――共同善の超越性　129
第二節　自然法と人間的行為――主権の完成　131
第三節　徳と習慣――目的への傾き　133
第四節　自然法と徳――徳への傾き　136
第五節　自然法と正義――人間の連帯性　138

第二章　正義と他者……143
第一節　正義の対象――他者への均等性　143
第二節　正義における他者性――人間的行為と正義　145
第三節　子と僕――特別な権利　147
第四節　正義と他者――僕の可能性　148
第三章　神的共同体と正義……153
第一節　共同善とペルソナの善――法的正義と特殊的正義　153
第二節　配分的正義と交換的正義――全体に対する部分　155
第三節　配分と交換――自助と公助　157
第四節　神的共同体と正義――共助の可能性　159
第四部　神的共同体における連帯性
第一章　神的共同体と神の正義……169
第一節　ペルソナに対する対比性――自然と超自然　169

第二節　神としかるべきもの――神の知恵の秩序　171
第三節　功徳と報酬――均等性の成立　175
第四節　人間の報い――神の正義と功徳　179
第五節　神的共同体と神の正義――自助と神的公助　182
第二章　神的共同体と対神徳……187
第一節　二つの至福――人間の本性への対比性　187
第二節　対神徳の可能性――超自然本性的な至福　190
第三節　似姿の可能性――神的公助による子性　192
第四節　主の可能性――神的公助における主権　194
第五節　神的共同体と対神徳――神的公助としての共助　196
第三章　神的共同体における連帯性……200
第一節　神的共同体における永遠法――似姿の表出性　200
第二節　神的共同体における自然法――似姿の完全性　202
第三節　神的共同体における人定法――似姿の方向性　204
第四節　神的共同体における連帯性――似姿としてのペルソナ　208

結論　共同体の可能性……212
第一節　主権と連帯性――神的共同体の可能性　212
第二節　自然法と連帯性――神的共同体の超越性　214
第三節　正義と連帯性――神的共同体の普遍性　217
第四節　共同体の可能性――神的共同体の本質　219
あとがき　225
文献表　228

序　トマス・アクィナスにおける法と正義

第一節　究極目的と共同善――人間論と共同体論

「人間とは何か」、すなわち、「人間とはそもそもいかなる存在なのであろうか」。この問いは、人文科学だけではなく、社会科学においても、きわめて根源的である。じっさい、「人間とは何か」という問いを抜きにして、社会のあり方が正当に考察されるとは思われない。筆者はこれまで、西洋中世を代表とする思想家であるトマス・アクィナス（一二二五年頃―一二七四年）にそくして、かかる問いに取りくんできた。たしかに、アクィナスが生きた中世ヨーロッパと我々が生きる現代の日本とでは、時間的にも空間的にも大きな隔たりが認められる。相違点を強調することはきわめて容易であろう。

しかし、これは古典の解釈に関する問題ではあるが、古典のうちに現代に通じる普遍性を何らかの仕方で見いだすことは、人間の知的営みの源泉である。じっさい、いかに個人の生き方や社会のあり方が変化したとしても、それらの根底には、個の次元で幸せになろうとする、そして、「共同体（communitas）」の次元でともに幸せになろうとする人間の「普遍的な欲求」が認められるのではないだろうか。それは個人の幸福だけではなく、共同体全体の幸福、すなわち「共同善（bonum commune）」を求めようとする普遍的な欲求にほかならないであろう(1)。

筆者はまず、人間であるかぎりの人間に固有な「人間的行為（actio humana）」の分析を通じて、「個」の次元における人間の「究極目的（ultimus finis）」への「運動（motus）」を、「似姿（imago）」と「主（dominus）」という二つの用語を主な手がかりに解明しようと試みた。そして、「"imago"と"dominus"――トマス・アクィナスの人間論研究――」という博士論文にまとめて京都大学へ提出し、博士（文学）の学位を受け、この論文をもとに最初の単書（佐々木 二〇〇五）を出版することができた。人間は、その「存在に課せられた必然性」をもって、自らの行為の主体として、自己を超えた完全性へと歩む者なのである。

しかるは、究極目的への欲求と共同善への欲求は密接に連関しているにもかかわらず、この著作ではあくまで「個としての人間の超越性」に集中したため、共同善についてはほとんど言及できていない。もちろん、「人間とは何か」という問いにすこしでも答えようとするならば、「個としての人間」についての研究だけではまったく不十分であり、「社会的存在としての人間」に関する探求へと進まなければならない。それは、共同体の「部分（pars）」としての人間と「全体（totum）」としての共同体との関係についての探求である。

さらに、このような探求は、人文科学だけではなく、社会科学の分野においてもきわめて重要な研究となる。じっさい、たとえば「法（lex）」や「正義（iustitia）」の問題をどちらかの分野に特定して論じることは、現実的ではない。なぜなら、個としての人間が正しく生きる（そしてこのことが、本来、幸せに生きることに通じている）ために、また、人間がその部分として属する共同体が正しく秩序づけられる（そしてこのことが、本来、共通の幸せである共同善に通じている）ために、直接的な仕方でかかわるところのものが、「法」であり「正義」であるからである。すなわち、法と正義は、個の次元と共同体の次元双方にかかわっている。

しかしながら、どちらの分野に軸足をおくかは、研究のプロセスにかかわる意味を持つことになる。そこで、次に筆者は、経済学という社会科学の分野から、「共同善への欲求がペルソナ（persona）を共同体の部分として位置づける」ということがいかにして成立するか、という課題に取りくんだ。そして、「共同体と共同善――トマス・アクィナスの共同体論研究――」という博士論文にまとめて神戸大学に提出し、博士（経済学）の学位を受け、二冊目の単書（佐々木 二〇〇八）を出版することができた。共同体は、単なる全体ではなく、個としての人間の超越性を成立させるところの、「普遍的な全体」なのである。

ただし、この著書では、共同体と共同善の有機的な関係を探求しているが、アクィナス本来の神学的な構造に関する分析にまでいたっていない。しかるに、究極目的への運動が共同善への運動として秩序づけられうるのは、究極目的も共同善も、まさに神自身であるからにほかならない。そのため、人間とは何か、人間はいかなる共同体の部分であるのか、というような点をアクィナスにそくして明らかにするためには、必然的な仕方で、その神学的な考察へと進まなければならない。

第二節　神的共同体――摂理と統宰

さて、アクィナスは、主著である『神学大全（*Summa Theogoliae*）』の第二―一部第二一問題第四項で、人間的行為は、それが「他者（alter）」へと秩序づけられるかぎりにおいて、「功徳（meritum）」や「罪業（demeritum）」の「性格（ratio）」を持つが、すべての人間的行為が神へと秩序づけられているわけではないから、善きないし悪しき行為のすべてが神のまえで、功徳や罪業という性格を有するわけではないという異論に対して(2)、次のように答えている。

人間は、「政治的共同体（communitas politica）」に対して、自ら全体にそくして、また、自らの持つすべてのものにそくして、秩序づけられているのではない。そしてそれゆえ、人間のいかなる行為もが、政治的共同体への秩序づけによって、功徳的であるとか罪業的であるというわけではない。しかし、人間であるところの、また人間が為しうる、さらに持つところの全体は、神へと秩序づけられなければならない。そして、それゆえ、人間による善きないし悪しき行為すべては、行為の「性格」そのものにもとづいて、神のまえにおいて、「功徳」や「罪業」という性格を有するのである(3)。

人間が共同体の部分であると言っても、「政治的共同体」に対して全面的な仕方で秩序づけられているわけではない。たしかに、人間はさまざまな共同体の部分である。そして、そこには重層的で有機的な秩序が認められるであろう(4)。しかるに、政治的共同体に関しては、人間が「自ら全体にそくして、また、自らの持つすべてのものにそくして」秩序づけられてはいない。人間の人間による共同体であるかぎり、人間の政治的共同体に対する秩序づけは、全面的で徹底したものではなく、何らかの仕方で不完全であると考えられる。そのため、「人間のいかなる行為もが、政治的共同体への秩序づけによって、功徳的であるとか罪業的であるというわけではない」ということになる。

これに対して、筆者が「神的共同体」という着想をえたのは、まさにこの個所であった。「人間であるところの、また人間が為しうる、さらに持つところの全体は、神へと秩序づけられなければならない」という点からして、いわば「神的共同体」とは神へと秩序づけられるところの全体であり、すべては神によって摂理され、すべては神によって統宰されている。したがって、かかる秩序づけは完全であるから、人間は神へと全面的な仕方で秩序づけられることになる。「それゆえ、人間による善きないし悪しき行為すべては、行為の性格そのものにもとづいて、神のまえにおいて、功徳や罪業という性格を有する」わけである。

かくして、人間は根源的、究極的、そして最終的な仕方で、神に対してその部分として秩序づけられている。人間の存在・行為・所有の全体は神へと秩序づけられ、人間が自らのはたらきの主である人間的行為は、その主としての性格にもとづいて、「神のまえにおいて、功徳や罪業という性格を有する」ことになる。人間の自由と主権は、本来、かかる秩序づけにそくして捉えられなければならない。

では、「人間が神の部分として秩序づけられる」ということは、そもそもどのようなことを意味しているのであろうか。本書は、アクィナスの人間論と共同体論に新しい可能性、すなわち、人間論においては、「個としての超越性にもとづく連帯性」を、共同体論では、「共同体、特に神的共同体における連帯性」を、それぞれ見いだそうとする、一つの試みでもある。それは、アクィナスにおける法と正義についての考察を通じて、共同体そのものの可能性をめぐる問いにほかならない。

第三節　人間的行為の可能性――功徳と罪業

さて、先の引用からも推察されるように、人間と共同体の関係は、一般に「部分と全体」として捉えられる。全体である共同体に対して、人間は部分として位置づけられる。したがって、共同体そのもののあり方なりその性格は、全体の側からだけではなく、部分の側からも何らかの仕方で規定されることになる。

神的共同体において、部分である人間は、何よりも「自由」と「主権」を有する存在である。じっさい、かかる自由と主権にもとづいて為される行為は、すなわち「人間的行為」は、「善きないし悪しき」という「行為の性格」を持つことから、その結果、「神のまえにおいて、功徳や罪業という性格を有する」ことになる。

さらに、このことから、二つのことが導きだされるように思われる。まず、第一に、「ペルソナとしての超越性」

である。「人間であるところの、また人間が為しうる、さらに持つところの全体は、神へと秩序づけられなければならない」ということから、人間が神の部分であることが帰結されるとしても、人間には何らかの主権なり自由が残されている。もし、そうでないならば、「行為の性格そのもの」が成立しない。人間は自らのはたらきの主なのであるから、人間的行為は何らかの仕方で、人間の主権と自由のもとに、人間が主体となって為されなければならない。じっさい、アクィナスは先と同じ個所の異論解答で、次のように言っている。

人間は、たしかに、神から「道具（instrumentum）」のごとく動かされるが、しかしこのことは、先に述べられたことから明らかなように、人間が「自由意思（liberum arbitrium）」によって自らを動かすということを排除するものではない。そしてそれゆえ、人間は自らの行為によって、神のまえにおいて、功徳に値したり、悪業をつむのである。(5)

神の「摂理（providentia）」と「統宰（gubernatio）」という観点から、人間が「神から道具のごとく動かされる」ということは帰結される。しかし、問題は「動かされる」という内容であって、人間の場合は「自由意思によって自らを動かす」という仕方で動かされている。そして、「自由意思によって自らを動かす」ということに、「行為の性格」が認められ、その結果、「人間は自らの行為によって、神のまえにおいて、功徳に値したり、悪業をつむ」。功徳や悪業は、あくまで人間の自由意思のはたらきを前提にしている。

ただし、ここでは「道具」の意味が問題である。「人間であるところの、また人間が為しうる、さらに持つところの全体は、神へと秩序づけられなければならない」という点から、人間は神の道具として動かされるわけであるが、この場合の道具は単なる受動性を意味しているわけではない。「人間が神から道具のごとく動かされる」ということは、「人間が自由意思によって自らを動かす」ということに通じていなければならない。

第二の点は、いかにペルソナとしての超越性を強調するとしても、神的共同体の本質的な要素は、究極的には全体である神によって、すなわち、「神のまえにおいて」決定されるという点である。人間の自由と主権は、あくまで「神のまえにおいて」成立しているにすぎない。すなわち、ペルソナとしての人間が有する主権と自由は、それ自体として完結されたものではなく、あくまで神との関係のうえに成立しているのである。

したがって、「神的共同体」の範囲や内容を人間の側から規定しようと試みることは、それ自体非常に危険な要素を含んでいる。たしかに、全体である神への秩序づけに対して、人間は自由と主権をもってのぞんでいる。しかし、人間は、そのような自由と主権を有する存在として秩序づけられているのであって、かかる自由と主権の根拠は、究極的には人間ではなく神のうちに見いだされる。

第四節　共同善としての神——至福と愛徳

神的共同体をアクィナスにそくして正しく理解していこうとするならば、一方においては「神の摂理と統宰」を、他方では「人間の自由と主権」を、神学的な枠組みの中で捉えていかなければならない。人間は、ペルソナとしての超越性を有する似姿であり主であると同時に、全体である神的共同体の部分なのである。

じっさい、ペルソナは、共同善への運動にそくして、共同体の部分として位置づけられる。しかるに、究極的な共同善とは神自身であるから、かかる共同体は、本来、神的な共同体でなければならない。この点に関して、アクィナスは、「救い（salus）のために必要であるところの、隣人愛（dilectio proximi）の完全性（perfectio）について」論じている『霊的生活の完全性について』の第一三章で、次のように言っている。

そこにおいてすべての人間が「至福（beatitudo）」という「目的（finis）」のうちに「一致する（convenire）」ところの共同体においては、おのおのの人間は何らかの部分であると考えられる。しかるに、全体が属する共同善とは神自身であり、神のうちにすべての者の至福は成立している。したがって、ちょうど部分が全体の善へと秩序づけられるように、直しき「理性（ratio）」と「自然本性（natura）」の「誘発（instinctus）」にそくして、おのおのの者は自ら自身を神へと秩序づける。このことはたしかに、「愛徳（caritas）」によって完成される。愛徳によって、人間は自ら自身を神のために愛するからである。したがって、ある人がさらにまた隣人を神のために愛する場合、隣人を自ら自身のように愛するのであり、そしてこのことによって、聖なる愛がもたらされる。(6)

何らかの「霊的な共同体」においては、「そこにおいてすべての人間が至福という目的のうちに一致する」ということになる。かかる連帯性こそ、人間にとっての究極的な連帯性である。すなわち、人間の連帯性は、かかる「一致」にそくして最終的に捉えられ、最高度に達するわけである。

さらに「全体が属する共同善とは神自身であり、神のうちにすべての者の至福は成立」していることから、「ちょうど部分が全体の善へと秩序づけられるように、直しき理性と自然本性の誘発にそくして、おのおのの者は自ら自身を神へと秩序づける」ことが帰結される。しかるに、かかる秩序づけは、人間の自然本性を超えている。したがって、このような神への秩序づけは、「注入徳（virtus infusa）」であり、「対神徳（virtus theologica）」である愛徳によることなくして完成されることはない。そして、「愛徳によって、人間は自ら自身を神のために愛する」ことを可能にされた人間がさらに「隣人を神のために愛する場合、隣人を自ら自身のように愛するのであり」、その結果「聖なる愛がもたらされる」ことになる。

愛徳に関しては、後に言及するとして、すくなくともこの個所から「神的共同体」に関する基本的な理解をえることができるであろう。まず、かかる共同体は、「そこにおいてすべての人間が至福という目的のうちに一致するところの共同体」であると考えられる。ただし、この場合の「すべての人間」が何を意味するかは明らかではないし、また、先に述べたように、この点を人間の側から規定することは危険である。

ここでは、神的共同体が、何より「神自身を共同善とする全体」であるという点が、非常に重要である。じっさい、「ちょうど部分が全体の善へと秩序づけられるように、直しき理性と自然本性の誘発にそくして、おのおのの者は自ら自身を神へと秩序づける」ということが、神の摂理と統宰のもとに成立していると同時に、そこには人間の自由と主権が前提にされていると考えられる。ペルソナである人間は、かかる共同体の部分として、超越性を保持しうるのである。

第五節　人間における連帯性——法と正義

では、人間の連帯性はどのように成立するのであろうか。そもそも、「すべての人間が至福という目的のうちに一致する」という「一致」は、いったい何を意味しているのであろうか。筆者は、かかる連帯性を端的に指摘している個所が以下のテキストであると考えている。アクィナスは、『神学大全』第二―二部第五八問題第五項で、「正義は一般的な徳（virtus generalis）であるか」を論じており、その主文で次のように言っている。

先に言われたように、正義は人間を、「他者（alius）」への「関連（comparatio）」において秩序づける。しかるにこのことは、二通りの仕方でありうる。一つには個別的な仕方で考えられる他者に対してである。もう一つは、一般的な仕方で捉えられる他者に対する場合で、それはすなわち、ある共同体の世話をする者は、その共同体のもとに含まれるすべての人間の世話をするということにそくしてである。そして、かかる両方の意味での他者に対して、正義は固有な特質にそくしてかかわることができる。じっさい、何らかの共同体のもとに含まれる者はすべて、部分が全体に対するように、その共同体へと関連づけられるということは明らかである。さらに、部分とは全体に属するところのものであり、それゆえ、部分のいかなる「善（bonum）」も、全体の善へと秩序づけられうる。したがって、このことにそくして、いかなる「徳（virtus）」の善も、それが「ある人間を自分自身へと秩序づける」としても、「自らをほかの何らかの個別的な複数のペルソナへと秩序づける」としても、それへと正義が秩序づけるところの「共同善」にまで帰せられうる。そして、このことにそくして、人間を共同善へと秩序づけることにもとづいて、すべての徳のはたらきは、正義に属することができるかぎりにおいて、正義は「一般的な徳」と言われる。また、先に述べたように、共同善へと秩序づけることが「法」に属していることから、それゆえ、先に言われた仕方で「一般的」であるとされるところの、この正義は、「法的正義（iustitia legalis）」と呼ばれる。なぜなら、この正義によって、人間は、すべての徳のはたらきを共同善へと秩序づけるところの法に、「一致する（concordare）」からである。(7)

じつは、この個所は、第二の単書においても引用されている。本書は、前二著での内容を深化発展されようとする試みである。そのため、先の二つの単書で扱った内容を部分的に継承せざるをえない。しかし、重複を避けるために、どちらかの著作で引用したテキストに関しては、可能なかぎり簡略化して表記する。

たしかに、この主文の場合、あらたに訳したのは前半部分であるが、ここでは、「なぜなら、この正義によって、人間は、すべての徳のはたらきを共同善へと秩序づけるところの法に、一致するからである」という最後の文に着目していきたい。「一致する」という単語に、前著の段階ではそれほど大きな意味を見いだすことができなかった。しかし、筆者が人間の連帯性そのものの根拠を探求していた際、たどりついたテキストがこの一文である。

アクィナスは、多くの個所で、人間の連帯性に通じる記述を行っている。しかし、連帯性をこれほど端的に表現しているテキストを、筆者はまだ見いだしていない。共同体の可能性に通じるところの連帯性は、共同善への秩序づけにそくして捉えられ、かかる秩序づけにおいて、「人間が法の一致する」ということが、究極的な根拠となる。「すべての人間が至福という目的のうちに一致する」ということは、共同善へと秩序づける法との一致を前提にしていると考えられる。「全体が属する共同善とは神自身であり、神のうちにすべての者の至福は成立している」からである。

「法的正義によって、人間は、すべての徳のはたらきを共同善へと秩序づけるところの法に、一致する」ということは、そもそもどのようなことを意味しているのであろうか。神的共同体において、「法との一致」という場合の「法」とは何であろうか。そして、かかる一致から、いかなる連帯性が人間に開かれうるのであろうか。これらの点を明らかにすることが、本書の使命である(8)。

第六節　トマス・アクィナスにおける法と正義——本書の構成

本書は、アクィナスにおける法と正義の探求を通じて、神的共同体における連帯性について明らかにしようとすることを目的としている。しかるに、神学的な構造において、「人間とは何か」という問いは、本来、神との関係においてのみ成立しうる。したがって、複数の人間によって形成される共同体もまた、共同善である神と関係において成りたっている。そして、先の引用から明らかなように、「法」と「正義」は「共同善への秩序づけ」にかかわっている。じっさい、「共同善へと秩序づけることが法に属している」のであり、「人間を共同善へと秩序づけることにもとづいて、すべての徳のはたらきは、正義に属することができる」。

そこで、第一部「神的共同体とペルソナ」では、神的共同体を研究するうえでの人間論的、および共同体論的背景となるところの、アクィナスの神学的構造を確認することから出発して、一般的な共同体と神的共同体との関係を、共同体の完全性と秩序という点から明らかにし、「神への秩序づけ」を「他者への秩序づけ」という観点から位置づける。次いで、神的共同体において人間が似姿であり、主であるということの意味を探り、人間の超自然本性的完全性があくまで「似姿としての主」に対して開かれた可能性であることを、そして、神的共同体において、似姿である人間は、自らの自然本性にそくして、超自然本性へと秩序づけられていることを示す。さらに、「能動(actio)」と「受動(passio)」の関係にそくして可能になる神への運動において、神的共同体の部分であるペルソナが有する超越性と可能性について考察する。

第二部「神的共同体と自然法」では、まず道であるキリストとの関係から、「僕(servus)としての主」という仕方で表現されるところの、神的共同体における主の受動性と可能性を提示する。次いで、「永遠法(lex aeterna)」と「自然法(lex naturalis : lex naturae)」の関係を明らかにし、自然法が神的共同体において担っている役割を示していく。そして、実践理性と自然法の規定に関する分析によって、「神に関して真理を認識すること」と「社会のうちに生活すること」の連関が示される。自然法を通じて、ペルソナは共同体の部分として位置づけられるのである。

第三部「神的共同体と正義」では、まず自然法と正義の関係を、人間的徳に関する考察を通じて明らかにする。いかなる人間も法的正義による自然法への一致へと開かれている。次いで、神的共同体における正義の意味を、特に「他者への均等性」という観点から探求する。神に属する他者としての可能性は正義によって導かれる。さらに、法的正義と特殊的正義の区別にそくして、神的共同体における連帯性の具体的可能性を探っていく。神的共同体における共助の可能性は神的公助のうちに見いだされる。

第四部「神的共同体における連帯性」では、まず神の正義に関する考察にもとづいて、神的共同体における人間のあり方を提示し、次いで神的共同体と対神徳との関係から、人間の自然本性そのものが有する超自然本性への可能性を探る。じっさい、神の正義との関連で、「神から道具のごとく動かされる」ことが「人間が自由意思によって自らを動かす」ことを可能にする。さらに、神的共同体における連帯性を、永遠法、自然法、そして「人定法(lex humana)」との関連から考察する。人定法との一致は、似姿としてのペルソナが他者への均等性を通じて共同善へと向かう運動の起点として捉えられよう。

結論では、連帯性のための主権、自然法、正義のあり方を探り、「神的共同体の本質」を、「共同体」と「連帯性」の関係から明らかにする。人間は自らを僕と位置づけることにより、共同善のための主として神的共同体の部分となりうる。そして、社会のうちに生きるという連帯性にそくして、他者への均等性を通じて、自らを共同善である神へと秩序づけるという点に、神的共同体の超越性と普遍性が成立している。

註

(1) "bonum commune"を「共同善」と訳すか、「共通善」と訳すかは、アクィナスを解釈するうえで重要であるように思われる。たしかに、「人は十全的本性の状態においては、性向的賜物としての恩恵なしにでも、神を普遍的な善もしくは全宇宙の共通善として自然本性的にすべてに優って愛することができるものとされていた」（桑原 二〇〇五、三六六頁）のように、普遍性としての共通性を強調する場合は「共通善」の方が適切であろう。これに対して、「共同善は、むろん個々にも配慮されるべきことだが、その実現は今日ではわけても国家の責任となる」（野尻 二〇〇六、二七九頁）のように、国家のような共同体との関連においては、「共同善」の方が適していると考えられる。本書では、「共同体の善」という意味で、「共同善」に統一する。なお、以下、本書で言及する引用文献に関して、註ではその文献を著者名と出版年等で表し、該当する頁を示すにとどめる。著者名と出版年等の表記は、文献表における引用文献の個所に対応している。

（2）*S. T.* I-II, q.21, a.4, ag.3. Praeterea, actus humanus habet rationem meriti vel demeriti, inquantum ordinatur ad alterum. Sed non omnes actus humani ordinantur ad Deum. Ergo non omnes actus boni vel mali habent rationem meriti vel demeriti apud Deum. なお、テキストの略号に関しては、文献表の「テキスト」の個所に示している。

（3）*S. T.* I-II, q.21, a.4, ad 3. homo non ordinatur ad communitatem politicam secundum se totum, et secundum omnia sua: et ideo non oportet quod quilibet actus eius sit meritorious vel demeritorius per ordinem ad communitatem politicam. Sed totum quod homo est, et quod potest et habet, ordinandum est ad Deum: et ideo omnis actus hominis bonus vel malus habet rationem meriti vel demeriti apud Deum, quantum est ex ipsa ratione actus. カッセルが言っているように、政治的共同体における共同善は、あくまで、この世の秩序における究極目的にすぎない（Kossel 2002b, p.390）。

（4）詳しくは、佐々木 二〇〇八、七五―八六頁参照。

（5）*S. T.* I-II, q.21, a.4, ad 2. homo sic movetur a Deo ut instrumentum, quod tamen non excluditur quin moveat seipsum per liberum arbitrium, ut ex supradictis（q.5, a.6, ad 3）patet. Et ideo per suum actum meretur vel demeretur apud Deum.

（6）*De Perf. Vitae Spirit.* c.13, n.634. In praedicta autem communitate qua omnes homines in beatitudinis fine conveniunt, unusquisque homo ut pars quaedam consideratur: bonum autem commune totius est ipse Deus, in quo omnium beatitudo consistit. Sic igitur secundum rectam rationem et naturae instinctum unusquisque se ipsum in Deum ordinat, sicut pars ordinatur ad bonum totius: quod quidem per caritatem perficitur, quia homo se ipsum propter Deum amat. Cum igitur aliquis etiam proximum propter Deum amat, diligit eum sicut se ipsum, et per hoc dilectio sancta efficitur. じっさい、至福に関する問題は、アクィナスの倫理思想において、きわめて重要な位置をしめていると言えよう（Pinckaers 1984, p.81）。至福的な直観において知られ、そして愛されるところの神のみが、心理と善に対する人間の欲求を完全な仕方で満たすことができるのである（Kerr 2006, p.252）。

（7）*S.T.*II-II, q.58, a.5, c. iustitia, sicut dictum est（q.58, a.2), ordinat hominem in comparatione ad alium. Quod quidem potest esse dupliciter. Uno modo, ad alium singulariter consideratum. Alio modo, ad alium in communi: secundum scilicet quod ille qui servit alicui communitati servit omnibus hominibus qui sub communitate illa continentur. Ad utrumque igitur se potest habere iustitia secundum propriam rationem. Manifestum est autem quod omnes qui sub communitate aliqua continentur comparantur ad communitatem sicut partes ad totum. Pars autem id quod est totius est: unde et quodlibet bonum partis est ordinabile in bonum totius. Secundum hoc igitur bonum cuiuslibet virtutis, sive ordinantis aliquem hominem ad seipsum sive ordinantis ipsum ad aliquas alias personas singulares, est referibile ad bonum commune, ad quod ordinat iustitia. Et secundum hoc actus omnium virtutum possunt ad iustitiam pertinere, secundum quod ordinat hominem ad bonum commune. Et quantum ad hoc iustitia dicitur virtus generalis. Et quia ad legem pertinet ordinare in bonum commune, ut supra habitum est（I-II, q.90, a.2), inde est quod talis iustitia, praedicto modo generalis, dicitur iustitia legalis: quia scilicet per eam homo concordat legi ordinanti actus omnium virtutum in bonum commune. 佐々木 二〇〇八、八二―八三頁。以下、佐々木 二〇〇五か佐々木 二〇〇八で掲載されたテキストの翻訳を用いる場合、註にはその該当する頁を示す。

（8）本書の先行研究に関しては、哲学・倫理学的研究、神学的研究、そして、経済倫理学的研究の大きく三つに分類されよう。哲学・倫理学的研究、および神学的研究に関しては、今回引用しなかった文献も含め、数多くの先行研究が本研究を支えている。一〇六頁の（Lisska 1996）などは例外的であって、註における引用からも明らかなように、ほとんどは本書を補完する内容であった。では、これらの先行研究に対する本書の新しい点とは何であろうか。まず、哲学・倫理学的研究に対しては、「能動と受動」による分析があげられよう。たしかに、七五頁の（Eschmann 1997）のように、「能動と受動の構造」に言及している文献もある。これは、『神学大全』第二―一部第一問題第三項主文に関するものだが、彼によると、「一つの運動を能動と受動に分けることは、運動に関する形而上学構造という問題に答える形而上学的な区分」にすぎない（Eschmann 1997, p.90）。同様のことは、筆者が調べたかぎり、ほかの文献についても妥当するように思われる。しかるに、本書で主眼としているのは、「能動と受動」にもとづく「自らのはたらきの主」や「道であるキリスト」に関する解釈であり、「受動性を前提にした能動性」にほかならない。次に、神学的研究に対しては、「他者への均等性」に関する分析をあげることができよう。たとえば、四四頁の「聖なる教えとしての神学は、根本的にいって教える神とのパーソナルな出会いにもとづいて成立するのであり、人間理性が自らを神の教えにより完全に従属させることによって推し進められてゆく探求である」（稲垣 二〇〇〇、三〇頁）という指摘に反論の余地はない。しかし、かかるパーソナルな関係は他者を介して可能になるという点が、本書の重要な論点である。この点に関しても、先の「能動と受動」と同様に、すべての先行研究を分析しているわけではないから、筆者が考えている本書の新しさは蓋然的なものにすぎない。しかし、すくなくとも著名な研究者において触れられていなかった領域に関する研究であるということは、言えるのではないかと考えている。なお、経済倫理学的研究に関しては、本書第三部第三章で言及する。

第一部　神的共同体とペルソナ

第一章　神的共同体と秩序

第一節　聖なる教え——神的共同体の神学的背景

神的共同体とは、神を共同善とする共同体であり、人間のかかる共同善への運動は、一方では神の摂理と統宰のもとに、他方では人間の自由と主権のもとに展開される。そして、この「運動」は、「神への運動」として、あくまで神学的な枠組のなかで成立している。すなわち、人間の自由と主権は、神を共同善とする動的構造において捉えられなければならない。では、アクィナス本来の神学的な構造とは何を意味しているのか。そもそも、ペルソナである人間と、そこにおいて人間が生きるところの共同体には、どのような超越性や神的可能性を見いだすことができるのであろうか。

これらの点を明らかにするためには、まず、『神学大全』がどのような意図のもとに書かれたのかを確認しなければならない。この著は三部から構成されているが、冒頭の第一部第一問題は、「聖なる教え（sacra doctrina）について、それはいかなるものであり、いかなる範囲にまでおよぶか」という問いかけから始まっている。アクィナスは、その第一項で「哲学的な諸学問（philosophicae disciplinae）のほかに、別の教えを持つことは必要であるか」を論じており、その主文で次のように言っている。

人間の「救い」のためには、人間の理性によって探求される哲学的な諸学問のほかに、神の「啓示（revelatio）」にもとづく何らかの教えが存在するということが必要であった。なぜなら第一に、人間は神へと、神が「目的」であるように秩序づけられているが、この目的は理性による「把握（comprehensio）」を超えているからである。（中略）しかるに、目的は人間たちに前もって知られていなければならないのであって、人間は自らの「意図（intentio）」と行為を目的へと秩序づけなければならない。それゆえ、人間の理性を超えるところの何かが神の啓示によって人間に知らされるということは、人間にとってその救いのために必要であったのである。[1]

「聖なる教え」とは、「人間の救いのために」、「人間の理性を超えるところの何かが神の啓示によって人間に知らされる」ところの教えであると考えられる。そして、「人間の救いのために」という点に、『神学大全』全体の内容が端的に示されている。[2]

まず、「人間は神へと、神が目的であるように秩序づけられているが、この目的は理性による把握を超えている」。このかぎりにおいて、人間は自然本性的な仕方で、超自然本性的な完全性へと秩序づけられていることになる。しかし、この目的は「人間たちに前もって知られていなければならないのであって、人間は自らの意図と行為を目的へと秩序づけなければならない」。前もって知らされていなければ、その目的を自らの行為の目的として意図することができないからである。そのため、「人間の理性を超えるところの何かが神の啓示によって人間に知らされるということは、人間にとってその救いのために必要であった」。

この「人間は自らの意図と行為を目的へと秩序づけなければならない」という点は、人間的行為の特質から解される。アクィナスは、『神学大全』第二―一部第一問題第一項で「目的のために行為することは人間にふさわしいか」を論じており、その主文で、「人間がほかの非理性的被造物から異なっているのは、自らのはたらきの主であるという点においてである」ということから、「人間的行為」を「人間がその主であるところの行為」と規定し、さらに、「人間は、理性と意志（voluntas）によって自らのはたらきの主である」が、「ある能力（potentia）から発出する行為はすべて、能力の対象が有する性格にそくして、その能力から原因されることは明らか」であり、「意志の対象は、目的であり善である」ゆえに、「すべての人間的行為は目的のためにあるものでなければならない」と言っている(3)。

すなわち、「自らのはたらきの主である」ということが、人間とほかの非理性的存在とを分かつ分水嶺となる。かかる主権は、理性と意志にもとづいている。理性と意志によって人間の行為は人間に固有な「人間的行為」として位置づけられ、そこに人間の倫理的地平が広がっている。さらに、「ある能力から発出する行為はすべて、能力の対象が有する性格にそくして、その能力から原因される」。能力はそれぞれ固有な対象を有しており、かかる対象の性格にもとづいて行為やはたらきは能力から原因づけられる。そして、「意志の対象は、目的であり善である」ことから、意志は善を目的として欲求することによって、人間的行為を原因づける。したがって、「すべての人間的行為は目的のためにあるものでなければならない」ということになる。

このように、「理性と意志によって」、「目的のためにあるもの」が人間的行為であるから、「直しき理性と自然本性の誘発にそくして、おのおのの者は自ら自身を神へと秩序づける(4)」ということが成立するためには、神が何らかの目的として人間に示されていなければならない。しかし、「この目的は理性による把握を超えている」のであり、そのため「人間の理性を超えるところの何かが神の啓示によって人間に知らされるということは、人間にとってその救いのために必要」なのである。

したがって、神的共同体とは、人間が「神へと、神が目的であるように秩序づけられている」ところの共同体であると言えよう。しかるに、「人間は、理性と意志によって自らのはたらきの主である」が、「この目的は理性による把握を超えている」ことから、かかる「秩序づけ」は人間の主権を超越している。それゆえ、「人間の理性を超えるところの何かが神の啓示によって人間に知らされる」ということが、神的共同体の神学的背景となる。

第二節　神への運動——神的共同体の人間論的背景

では、この「聖なる教え」を、我々はどのように理解しなければならないのであろうか。アクィナスは、先の第一部第一問題の第七項で、「この学（scientia）の主題（subiectum）は神であるか」を論じており、その主文で次のように言っている。

「聖なる教え」においては、すべてが神を「根拠（ratio）」として取り扱われる。すなわち、それらが神自身であること、あるいは「根源（principium）」または「究極（finis）」としての神に秩序づけられているということを根拠として論じられる。それゆえ、神こそは真の意味でこの「学」の「主題」であることが帰結する。(5)

聖なる教えに関して論じられていることがらは、すべて、最終的には主題である神へと帰着する。『神学大全』では膨大なことがらが詳細に論じられている。しかるに、その議論の場において、かりに「神」という言葉が使われていないとしても、アクィナスは、「神こそは真の意味でこの学の主題である」という根元的な意図から、けっして離れてはいない。人間論も共同体論も、アクィナスにおいては、それ自体独立した議論ではなく、あくまで、神を根拠とする議論なのである。

さらに、この学では、「神自身」に関することだけではなく、「根源または究極としての神に秩序づけられている」ところの被造物に関することも、「神を根拠として取り扱われる」。特に人間の場合、「人間であるところの、また人間が為しうる、さらに持つところの全体は、神へと秩序づけられなければならない」わけであるから(6)、人間に関するすべてのことがらは、神との関連において探求されなければならない。したがって、すべての人間は、善人であれ悪人であれ、全体的な仕方で神へと秩序づけられていることになる。すなわち、善人は善き仕方で、悪人は悪しき仕方で、それぞれ神へと秩序づけられているのである。

じっさい、「聖なる教えにおいては、すべてが神を根拠として取り扱われる」から、人間の共同善への運動にかかわるすべてのことがらは、「神を根拠として」成立している。神的共同体の部分である人間が有する自由と主権の根拠は神であり、「根源または究極としての神に秩序づけられているということ」が、「共同善への運動」のあり方を本質的に規定している。かかる運動の根源と究極は神にほかならない。

しかるに、ペルソナとしての人間が有する何らかの超越性とは、究極目的への、そして共同善への運動にそくして捉えられなければならない。いかなる人間も、至福である究極目的に向かうという点に関しては、何ものにも解消されえない超越性を有している。しかしながら、このことはもちろん、「人間が至福をめざす運動において、何をしてもかまわない」ということを意味しているわけではない。究極目的が神自身である以上、この運動は「神への運動」そのものであり、したがって、ペルソナの超越性も、永遠にして無限である神との関係において、本来、捉えられなければならない。

たしかに、「ペルソナの超越性」と言っても、我々が生きるこの現実の世界は、増え続ける幼児虐待、二〇一二年からやっと二万人台になったとはいえ、十数年にわたり失われた年間三万人以上の自殺者、深刻ないじめ、ＤＶ

等、およそ超越性とはまったく正反対の事象にあふれかえっている。じっさい、日本では、格差社会における貧困問題が顕著化し、少子高齢化による社会のひずみがいたるところに認められる。これらの原因を明らかにし、その解決への糸口を探ることが本書の直接的な目的ではないにせよ、神学が現実的な実存にかかわる問題から切りはなされて成立しているとも考えられない。

むしろ、かかる問題において、神学の存在が問われているのではないだろうか。すなわち、聖なる教えとしての神学は、「人間の救いのために」、「すべてが神を根拠として取り扱われる」以上、ペルソナとしての人間の超越性や尊厳は、「根源または究極としての神に秩序づけられている」ということから導きだされ、さらに人間がそこにおいて生活するところの共同体は、神を共同善とする仕方で、人間の超越性を包含する普遍性において成立していなければならない。このような神学的な観点から現実的な諸問題を捉えようとすることは、解決への重要な指針となるであろう。

では、そもそも人間は、『神学大全』において、どのように位置づけられ、考察されているのであろうか。アクィナスは第一部第二問題の序で、「この聖なる教えの根源的な意図は、神に関する認識（cognitio）を伝えること」とした後に、「この教えの開示をめざして、我々は、第一に神について、第二に理性的被造物の神への運動について、第三に、人間であるかぎり、我々にとって神へと向かう道（via）であるキリストについて、論ずることになるであろう」というように、『神学大全』全体の内容と構成を規定している。(7)

「聖なる教えにおいては、すべてが神を根拠として取り扱われる」のであるが、それは「人間の救いのために」、「神に関する認識を伝えること」が「この聖なる教えの根源的な意図」だからである。そして、このような意図にそくして、『神学大全』は、「神」に関する第一部、「理性的被造物の神への運動」に関する第二部、そして、「神への道であるキリスト」に関する第三部から構成されている。それゆえ、人間の側からは「自らのはたらきの主」としてかかわる「神への運動」という点が、神的共同体の人間論的背景として捉えられよう。

第三節　共同体の完全性——神的共同体の共同体論的背景

さて、「人間であるところの、また人間が為しうる、さらに持つところの全体は、神へと秩序づけられなければならない」のであるから、共同体のあり方も神に秩序づけられていることになる。では、そもそも神はどのような仕方で世界全体を摂理し統宰しているのであろうか。アクィナスは、『神学大全』第二－一部第九一問題第一項で「永遠法なるものがあるか」を論じており、その主文で次のように言っている。

先に言われたように、「法」とは、ある「完全な共同体（communitas perfecta）」を統宰する「統治者（princeps）」における、「実践理性（ratio practica）」の何らかの「命令（dictamen）」にほかならない。しかるに、第一部で示されたように、「世界（mundus）」が神的な「摂理」によって支配されていることを認めるならば、「宇宙（universum）」の共同体全体が神的な「理念（ratio）」によって統宰されているということは明らかである。そしてそれゆえ、神において宇宙の統治者におけるように存するところの、「諸事物の統宰理念」そのものは、法としての性格を有している。また、箴八・二三で言われているように、神的な理念は何も時間にもとづいて把捉するのではなく、永遠なる把捉を有することから、このような法は「永遠的（aeternus）」と呼ばれなければならない。(8)

「法とは、ある完全な共同体を統宰する統治者における、実践理性の何らかの命令」として捉えられる。法が理性による命令であるという点は、特に自然法との関連で重要である。しかるに、ここでの定義は、自然法というよりは人定法にもとづいていると考えられる。すなわち、「法とは、ある完全な共同体を統宰する統治者」による命令なのである。

世界全体、宇宙全体は、神の摂理によって支配されている。すなわち、「宇宙の共同体全体が神的な理念によって統宰されている」。じっさい、「神の統宰のもとにないものは、何も存在しえない」[9]。したがって、「神において宇宙の統治者におけるように存するところの、諸事物の統宰理念そのものは、法としての性格を有している」ことになる。さらに、「神的な理念は」、「永遠なる把捉を有することから、このような法は永遠的と呼ばれなければならない」。永遠法とは、万物を統宰する神の理性の命令であり、かかる統宰理念にほかならないのである。

人間が、「自らのはたらきの主」として、何らかの超越性を有するとしても、それは永遠法による統宰のもとに成立しており、かかる統宰こそ、人間がペルソナであることの前提になっている。すなわち、ペルソナとしての超越性は、永遠法への何らかの参与において成立していると考えられる。じっさい、「人間による善きないし悪しき行為すべては、行為の性格そのものにもとづいて、神のまえにおいて、功徳や罪業という性格を有する」ということは[10]、ペルソナとしての主権において可能になるわけである。

ところで、アクィナスは、アリストテレスの『政治学』にもとづいて、「国（civitas）」を「完全な共同体」と位置づけている[11]。したがって、「法とは、ある完全な共同体を統宰する統治者における、実践理性の何らかの命令にほかならない」という規定は、政治的共同体である国における法の性格にもとづいていると考えられる。すなわち、かかる規定にそくして、「神において宇宙の統治者におけるように存するところの、諸事物の統宰理念そのものは、法としての性格を有している」と結論づけられているわけである。

神的共同体は、神の摂理と統宰のもとにある共同体である。そして、「世界が神的な摂理によって支配されて」

おり、「宇宙の共同体全体が神的な理念によって統宰されている」。このかぎりにおいて、神的共同体は、世界全体、宇宙全体であるとも言えよう。その一方、人間の側から考えるならば、神的共同体は人間が部分として秩序づけられる共同体でもある。問題は永遠法の理解にかかわるが、すくなくとも永遠法が「ある完全な共同体を統宰する統治者における、実践理性の何らかの命令」という法の一般的な規定から導きだされている点に、神的共同体の共同体論的背景が見いだされるであろう。

第四節　神的共同体と秩序――他者への秩序づけ

さて、序で引用した『神学大全』第二―一部第二一問題第四項では、「人間的行為は、それが他者へと秩序づけられるかぎりにおいて、功徳や罪業の性格を持つが、すべての人間的行為が神へと秩序づけられているわけではないから、善きないし悪しき行為のすべてが神のまえで、功徳や罪業という性格を有するわけではない」という異論に対して[12]、「人間は、政治的共同体に対して、自ら全体にそくして、また、自らの持つすべてのものにそくして、秩序づけられているのではない」から、「人間のいかなる行為もが、政治的共同体への秩序づけによって、功徳的であるとか罪業的であるというわけではない」が、「人間であるところの、また人間が為しうる、さらに持つところの全体は、神へと秩序づけられなければならない」ゆえに、「人間による善きないし悪しき行為すべては、行為の性格そのものにもとづいて、神のまえにおいて、功徳や罪業という性格を有するのである」と解答されている[13]。

この個所では、人間が政治的共同体の部分であるということは前提にされているが、「政治的共同体への秩序づけ」に関して、かならずしも功徳や罪業の性格を持つにいたるような秩序づけではないということが、神への秩序づけとの対比から主張されている。その意味で、「すべての人間的行為が神へと秩序づけられているわけではない」

という小前提が論駁されているのである。

では、「人間的行為は、それが他者へと秩序づけられるかぎりにおいて、功徳や罪業の性格を持つ」という大前提はどうであろうか。この場合の「他者」を「神」と読みかえるならば、「人間的行為は、それが神へと秩序づけられるかぎりにおいて、功徳や罪業の性格を持つ」ということになる。「人間による善きないし悪しき行為すべては、行為の性格そのものにもとづいて、神のまえにおいて、功徳や罪業という性格を有する」という異論解答の結論は、「神への秩序づけ」にそくして展開されているわけであるから、かかる読みかえはかならずしも不可能ではない。じっさい、アクィナスは同じ個所の主文で、次のように言っている。

先に言われたように、ある人間の行為は他者へと秩序づけられるかぎりにおいて、他者自身の性格によるにせよ、共同体の性格によるにせよ、功徳や罪業という性格を有する。しかるに、いずれの仕方でも、我々の善きないし悪しき行為は、神のまえにおいて、功徳や罪業という性格を有するのである。(14)

「人間的行為は、それが他者へと秩序づけられるかぎりにおいて、功徳や罪業の性格を持つ」という異論の大前提は、この主文で肯定されている。「他者自身の性格によるにせよ、共同体の性格によるにせよ」ということは、他者という性格によるところの他者へと秩序づけられる場合と、他者が部分として属している共同体という性格によるところの、共同体そのものへと秩序づけられる場合とが区別されることを意味している。じっさい、他者に対する何らかの行為は、他者がそこに属する共同体に対する行為にもなりうる。そして、「いずれの仕方でも、我々の善きないし悪しき行為は、神のまえにおいて、功徳や罪業という性格を有する」のであるから、ここでは神はまさに他者として位置づけられている。

さらに、かかる他者の区別は、「個別的な仕方で考えられる他者」と、「ある共同体の世話をする者は、その共同体のもとに含まれるすべての人間の世話をするということにそく」するところの「一般的な仕方で捉えられる他者」の区別を前提にしている[15]。

他者は、「個別的な仕方で考えられる他者」と「一般的な仕方で捉えられる他者」に区別される。前者は、いわば独立した存在として捉えられる他者であり、通常、他者はこの意味に解されよう。これに対して、後者は、共同体全体において捉えられうるところの、一般的な意味での他者である。共同体を世話する仕事を担っている者は、公務員が全体の奉仕者と規定されているように[16]、本来ある特定の誰かではなく、共同体全体にかかわっている。そして、そのような全体への配慮を通じて、「その共同体のもとに含まれるすべての人間の世話をする」ということになる。最終的に世話の対象となるのは個々の人間であるとしても、第一にそのような対象となるのは、他者としての共同体である。じっさい、アクィナスは、『神学大全』第二―一部第二一問題第三項で「人間的行為は、それが善いないし悪いかぎりにおいて、功徳や罪業という性格を有するか」を論じており、その第二異論解答で次のように言っている。

人間は、自らのはたらきに関する主権を有しているが、その人間自身はさらに、他者に属する、すなわち、その部分であるところの共同体に属するかぎりにおいて、自らのはたらきが善く、ないし悪しく態勢づけられるに応じて、何か功徳に値したり罪業に値したりする。それはちょうど、それに関して共同体へと奉仕すべきところの、自分に属する何かほかのものを、善くないし悪しく処理する場合のようにである[17]。

「人間は、理性と意志によって自らのはたらきの主である」。このかぎりにおいて、個々の人間は、それぞれ独立した個別的存在である。その一方、人間と共同体は、部分と全体の関係にある。人間はペルソナとしての単一的存在であるが、共同体との関係からはその部分であり、その存在そのものが共同体へと秩序づけられている。そのため、人間は「その部分であるところの共同体に属する」わけである。

しかるに、この個所では、「他者に属する」ことが「その部分であるところの共同体に属する」ことになっている。すなわち、ここでは他者が共同体と言い換えられており、他者への均等性が、部分と全体との関係において、全体である共同体へと拡大され、共同体への均等性という観点から、「自らのはたらきが善く、ないし悪しく態勢づけられるに応じて、何か功徳に値したり罪業に値したりする」と言われている。

したがって、人間が自己の主権のもとに何を為すにしても、それはけっして個人的なことがらの次元で完結するものではない。人間が共同体の部分であるかぎり、他者としての共同体に対して善悪の性格が問われることになる。「それに関して共同体へと奉仕すべきところの、自分に属する何かほかのものを、善くないし悪しく処理する場合」とは、自己の行為を、他者としての共同体への秩序づけという観点から捉える場合であると考えられる。人間と神との関係も同様である。人間の個別的行為は、人間を神的共同体の部分として位置づけるかぎり、他者である神に対して善悪の性格が問われている。人間は、他者への秩序づけを通じて、神へと向かっているのである。

註

（1）S.T.I, q.1, a.1, c. necessarium fuit ad humanam salutem, esse doctrinam quandam secundum revelationem divinam, praeter philosophicas disciplinas, quae ratione humana investigantur. Primo quidem, quia homo ordinatur ad Deum sicut ad quendam finem qui comprehensionem rationis excedit, secundum illud *Isaiae* 64, [4]: oculus non vidit Deus absque te, quae praeparasti diligentibus te. Finem autem oportet esse praecognitum hominibus, qui suas intentiones et actiones debent ordinare in finem. Unde necessarium fuit homini ad salutem, quod ei nota fierent quaedam per revelationem divinam, quae rationem humanam excedunt. じっさい、マーシャルが強調しているように、我々人間には、人生の目的に到達するだけではなく、それが何であるかを知るためにも、神の教えが必要なのである（Marshall 2005, p.5）。したがって、もっとも重要な確実性が聖なる教えに存しており（Taylor 1991, p.232）、この聖なる教えの知的特質が、『神学大全』全体のいたるところに行きわたっている（Johnson 1991, p.98）。

（2）「人間の救済のため」。ここに「聖なる教」の存在理由が簡明直截に表現されている。では救済とは何か。それを得るためにいかにすべきか。これらの問題の探求が『神学大全』全部の内容をなしている。山田二〇一四、一四頁。

（3）*S. T.* I-II, q.1, a.1, c. actionum quae ab homine aguntur, illae solae proprie dicuntur humanae, quae sunt propriae hominis inquantum est homo. Differt autem homo ab aliis irrationalibus creaturis in hoc, quod est suorum actuum dominus. Unde illae solae actiones vocantur proprie humanae, quarum homo est dominus. Est autem homo dominus suorum actuum per rationem et voluntatem: unde et liberum arbitrium esse dicitur facultas voluntatis et rationis. Illae ergo actiones proprie humanae dicuntur, quae ex voluntate deliberata procedunt. Si quae autem aliae actiones homini conveniant, possunt dici quidem hominis actiones; sed non proprie humanae, cum non sint hominis inquantum est homo. Manifestum est autem quod omnes actiones quae procedunt ab aliqua potentia, causantur ab ea secundum rationem sui obiecti. Obiectum autem voluntatis est finis et bonum. Unde oportet quod omnes actiones humanae propter finem sint. 佐々木二〇〇五、九―一〇頁、佐々木二〇〇八、四頁。じっさい、人間的行為とは目的に到達するため方法として解される（Grabmann 1949, p.153）。

（4）*De Perf. Vitae Spirit.* c.13, n.634. 序註（6）参照。

（5）*S.T.* I, q.1, a.7, c. Omnia autem pertractantur, in sacra doctrina sub ratione Dei vel quia sunt ipse Deus; vel quia habent ordinem ad Deum, ut ad principium et finem. Unde sequitur quod Deus vere sit subiectum huius scientiae. なお、神学と聖なる教えの関係に関しては、稲垣良典九州大学名誉教授の以下の説明が正鵠を射ていると思われる。神を主題とする学を指すのに「神学」すなわち「神についての語り」という用語ではなく、「聖なる教え」という用語が択びとられている理由は、聖書の作者が神であるごとく、聖なる教えもまた根本的にいって「教える神」の「教え」にもとづくことを強調するためであった、といえるであろう。いうまでもなく、聖なる教えとしての神学は人間理性による探求の営為であるが、この営為はまさしく教える神の教えへの参与として成立するものなのである。そのことはたんに、神学という学は、いくつかの命題として定式化された神的啓示という前提ないし原理から様々の結論を論証的に導きだす営為である、といった形式的説明で言いつくされるものではない。むしろ聖なる教えとしての神学は、根本的にいって教える神とのパーソナルな出会いにもとづいて成立するのであり、人間理性が自らを神の教えにより完全に従属させることによって推し進められてゆく探求である、というべきであろう。アクィナスにおいては聖書も聖なる教えとしての神学も、ともに「教える神」を中心に捉えられていたのである。稲垣二〇〇〇、二九―三〇頁。

（6）S. *T.* I-II, q.21, a.4, ad 3. 序註（3）参照。

（7）S. *T.* I, q.2, intro. Quia igitur principalis intentio huius sacrae doctrinae est Dei cognitionem tradere, et non solum secundum quod in se est, sed etiam secundum quod est principium rerum et finis earum, et specialiter rationalis creaturae, ut ex dictis est manifestum (q.1, a.7)；ad huius doctrinae expositionem intendentes, primo tractabimus de Deo; secundo, de motu rationalis creaturae in Deum; tertio, de Christo, qui, secundum quod homo, via est nobis tendendi in Deum. 佐々木二〇〇五、五頁。カーによると、アクィナスが神への運動を、神に関する教義とキリストに関する教義にあいだにはさみこんだ点は、一つの革新であった（Kerr 2002a, p.117）。じっさい、『神学大全』の構造そのものが、「人間の救いのために」という意図にそくしていると考えられる。

（8）S. *T.* I-II, q.91, a.1, c. sicut supra（q.90, a.1, ad 2; a.3 et a.4）dictum est, nihil est aliud lex quam quoddam dictamen practicae rationis in principe qui gubernat aliquam communitatem perfectam. Manifestum est autem, supposito quod mundus divina providentia regatur, ut in Prima（q.22, a.1, ad 2）habitum est, quod tota communitas universi gubernatur ratione divina. Et ideo ipsa ratio gubernationis rerum in Deo sicut in principe universitatis existens, legis habet rationem. Et quia divina ratio nihil concipit ex tempore, sed habet aeternum conceptum, ut dicitur *Prov*.8, [23]; inde est quod huiusmodi legem oportet dicere aeternam. このテキストに関しては、佐々木 二〇〇五、一四一頁と佐々木 二〇〇八、九七頁でも断片的に取りあげられている。以下、本書で引用する『聖書』は「新共同訳」である。また、表記もその略語を用いる。なお、もっとも包括的な法が永遠法である（Wolfe 2004, p.199）という指摘は、連帯性を考えるうえでも重要であろう。

（9）*S.T.*I, q.103, a.5, c. Unde sicut nihil potest esse quod non sit a Deo creatum, ita nihil potest esse quod eius gubernationi non subdatur. 佐々木 二〇〇五、九〇頁。デックは、すべてのものが神による現在の創造にもとづいている点を強調している（Deck 1969, pp.239-240）。そして、このことは神の統宰についてもあてはまるであろう。すなわち、すべてのものが神による現在の統宰にもとづいているのである。

（10）註（6）参照。

（11）*S.T.*I-II, q.90, a.3, ad 3. sicut homo est pars domus, ita domus est pars civitatis: civitas autem est communitas perfecta, ut dicitur in I *Polit.* 佐々木 二〇〇八、七〇頁。なお、カッセルが指摘しているように、アリストテレスにとって、「完全な共同体」とは自給自足が可能な「ポリス」を意味しているが、アクィナスの場合には政治的共同体だけではなく、宇宙全体にまでこの概念を拡大している（Kossel 2002a, p.170）。じっさい、マリタンが言うように、人間の神に対する直接的な定めは、政治的な社会の共同善だけではなく、宇宙に固有な共同善をも超越している（Maritain 1998, p.149）。このように、アクィナスは、人間を政治的動物となさしめるアリストテレスの理論に従っているが、それをキリスト教哲学の要求に合致するように修正している（Bigongiari 1997, p.vii）。人間は社会的動物以上の存在であり（O'Donnell 1995, p.68）、自由なるキリスト教徒による共同体という点が、アリストテレスの学説からの重要な逸脱である（Voegelin 1997, pp.218-219）。アクィナスがアリストテレスと共有する哲学的な諸要素を再構成していることは明白であり（Jordan 1999, p.88）、彼は、カトリック教徒として、アリストテレスを聖書のテキストだけではなく、教会の発達した教義とも融和させなければならなかった（Kenny 1999, p.21）。しかし、エルダースが言っているように、『ニコマコス倫理学』の内容は、キリスト教思想全体のために回復されなければならなかったという点が、アクィナスの研究方法であり目的であったということを、心にとどめておかねければならないであろう（Elders 1984, p.49）。

（12）S.*T.*I-II, q.21, a.4, ag.3. 序註（2）参照。

（13）註（6）参照。

（14）S.*T.*I-II, q.21, a.4, c., sicut dictum est (a.3), actus alicuius hominis habet rationem meriti vel demeriti, secundum quod ordinatur ad alterum, vel ratione eius, vel rarione communitatis. Utroque autem modo actus nostri boni vel mali habent rationem meriti vel demeriti apud Deum.

（15）S.*T.*II-II, q.58, a.5, c. 序註（7）参照。

（16）憲法第一五条。

（17）S.*T.*I-II, q.21, a.3, ad 2. homo, qui habet dominium sui actus, ipse etiam, inquantum est alterius, scilicet communitatis, cuius est pars, meretur aliquid vel demeretur, inquantum actus suos bene vel male disponit: sicut etiam si alia sua, de quibus communitati servire debet, bene vel male dispenset.

第二章　神的共同体における似姿

第一節　似姿としての人間――範型である神

さて、先に示された『神学大全』の構造的区分から考えるかぎり、人間に関する考察は、主要な仕方ではその第二部で扱われていると考えられる。じっさい、「聖なる教えの根源的な意図は、神に関する認識を伝えることであり、「この教えの開示をめざして、我々は、第一に神について、第二に理性的被造物の神への運動について、第三に、人間であるかぎり、我々にとって神へと向かう道であるキリストについて、論ずることになるであろう」と言われていた。[1] もちろん、人間に関する考察が、『神学大全』において、その第二部に限定されているわけではない。第一部では被造物としての人間のあり方が、第三部ではキリストとの関連における人間存在が問われている。

しかし、「神への運動」という点で、第二部では人間の運動が特別な仕方で問われている。アクィナスは、第二部の序言で、「範型（exemplar）、すなわち神について、そして、神の意志にしたがって、その権力（potestas）から発出してきたものについて述べられた後に、かかる範型の似姿、すなわち人間に関して考察することが、我々に残されている」が、「それは、自由意思と自らの行動の権力を持つ者として、人間もまた自らの行動の根源であるかぎりにおいてである」と言っている。[2]

この序言によると、『神学大全』の第一部では、「範型、すなわち神について、そして、神の意志にしたがって、その権力から発出してきたものについて述べられた」ということになる。じっさい、「聖なる教えにおいては、すべてが神を根拠として取り扱われる」のであり、「それらが神自身であること、あるいは根源または究極としての神に秩序づけられているということを根拠として論じられる[3]」。したがって、第一部では、神自身と神を根源とし究極とするところの被造物に関して論じられている。そして、このような第一部での考察を受けて、第二部では「かかる範型の似姿、すなわち人間に関して考察すること」が展開されるわけである。このかぎりにおいて、人間に関する考察は、『神学大全』ではその第二部において、主要な仕方で扱われていることになる。それは、神への運動に関する長大な倫理的考察である。

しかるに、この個所では「権力」、そして、「根源」という言葉が人間に使用されている。このことは非常に重要であると言えよう。もちろん、「神の統宰のもとにないものは、何も存在しえない[4]」。かかる神の絶対的な権力に対して、人間の場合には「自らの行動の権力」にすぎないのであるから、同様に、神はすべてのものの根源であるのに対し、人間はただ「自らの行動の根源」なのであるから、その内容には無限の隔たりが認められよう。

しかしながら、人間が神を範型とする似姿であるということは、自らの行動に対する権力と根源にそくして位置づけられている。かかる権力と根源によって「神への運動」が成立し、このことが、「神を範型とする似姿」としての人間の本質的な可能性である。すなわち、人間が神の似姿であるということは、人間が自らのはたらきに対する権力と根源を有する者として神へと向かうということを前提にしているのである。

ところで、『神学大全』第一部第二問題序では、第二部を「理性的被造物の神への運動」と位置づけられているのに対し、この序言では「人間に関して考察すること」として限定されている。しかるに、理性的被造物には、人間のほかに、天使と悪魔という霊的被造物が含まれる。では、天使と悪魔は第二部での考察対象にならないのであろうか。アクィナスは、『神学大全』第一部第六四問題第二項で、「悪霊（daemon）たちの意志は悪（malum）において執拗であるか」を論じており、その主文で次のように言っている。

人間の自由意思は、「選択（electio）」の前でも、その後でも、対立するもののどちらにも傾きうるが、これに対して、「天使（angelus）」の自由意思が対立するもののいずれに対しても傾きうるのは、選択の前であって、その後ではないと言われるのが普通である。このようにそれゆえ、つねに「正義」に密着している善い天使は、正義において確定されている。これに対して、罪を犯す悪しき天使は、「罪（peccatum）」において執拗なのである。(5)

人間も天使のような霊的被造物も、自らの自由意思によって対立するものの中から何かを選択することができる。しかるに、人間の場合は、自由意思が何かを選択する前でも、その後でも、それとは別のものを選ぶことができる。したがって、人間が正義を行うか罪を犯すかは、自由意思が機能するかぎり、すなわち、人間が理性と意志によって自らのはたらきに関する主権を有するかぎり、そのたびごとの選択にかかっている。

これに対して、霊的被造物が対立するものに傾きうるのは、ただ一度の選択の前であって、その後ではないとされる。選択した後は、その選択によって全存在が確定され、再度選択することや、別の選択をすることはできないと考えられる。その結果、天使は常に正義に密着しており、悪魔は常に悪に密着しているということになる。

このように、霊的被造物については、『神学大全』においてその第一部で論じられている。そのため、「理性的被造物の神への運動」として考察されるのは、自由意思による選択を繰り返しながら生きていくところの「人間の運動」となる。じっさい、「人間には天使よりも、至福に値するにいたるためのより長い道（longior via）が与えられている」[6]。すなわち、人間は、天使のように、ただちに至福を獲得するようには生まれついていないのである。

第二節　似姿の概念——人間と御子

さて、似姿とは、一般的には、肖像や絵画における人物等の「表現」や、鏡の中の「影像」、そして「幻影」、「想像」、「写し」、「例証」などを意味している[7]。すなわち、似姿とは、「何かの似姿」という仕方で、その範型を表現するところのものであると考えられる。じっさい、アクィナスは、『神学大全』第一部第三五問題で、三位一体における「御子（Filius）」の名としての似姿（御像）について論じており、その第一項主文で、「似姿の概念には、類似性（similitudo）が属している」が、「いかなる類似性でもよいのではなく、事物の種（species）においてか、すくなくとも種の何らかのしるし（signum）における類似性」であり。さらに、「似姿の概念には起源（origo）が要求され」、「何かが真に似姿であるためには、ほかのものから、種においてか、すくなくとも種のしるしにおいて、それに似たものとして発出しているということが要求される」と言っている[8]。

似姿である事物によって、その範型が何らかの仕方で示されなければならない。似姿とは、そこにおいて範型が表現されているところのものである。さらに、似姿の表現は範型の種にかかわっていなければならない。たとえば、ソクラテスの影像の場合、人間という種に関する表現を前提にしてソクラテスの形態が表現されている。そのため、まず、似姿の概念には、「事物の種においてか、すくなくとも種の何らかのしるしにおける類似性」が含まれることになる。

しかるに、似姿における類似性は、その範型とのあいだに成立しており、似姿とは範型にもとづく類似性を有する事物である。このことを明らかにするために、何かを範型とする似姿であるということが「起源」として示されていなければならない。この起源が似姿の概念を構成する二つ目の要素となる。したがって、似姿とは、「種において か、すくなくとも種のしるしにおいて、それに似たものとして発出している」事物ということになる。

ところで、神のうちには「言葉の発出（processio verbi）」と「愛の発出（processio amoris）」という二つの内的な発出が認められ[9]、そこから御父、御子、聖霊という三つのペルソナが区別される[10]。すなわち、言葉の発出と愛の発出というはたらきが神において根源的であり、かかる発出にそくして神の三なるペルソナは、人間の理解のうちに何らかの仕方で捉えられうるのである。

かくして、「言葉の発出」にしたがって、御子には似姿という名が帰せられることになる。この点はきわめて重要な意味を有していると言えよう。なぜなら、人間が神の似姿であるということは、神なる御子のペルソナへの、何らかの関連性のもとに成立していると考えられるからである。

では、似姿という点において、人間と御子のあいだには、そもそもいかなる関係が見いだされうるのであろうか。アクィナスは、『神学大全』第一部第三五問題の、第二項第三異論解答で、「ものの似姿は、二通りの仕方で、何かのうちに見いだされ」、「一つには、王（rex）の似姿がその子（filius）のうちに見いだされるように、種に関して同じ本性の事物において」、「もう一つには、王の似姿がデナリオ貨幣のうちに見いだされるように、別の本性の事物において認められ」、「人間が神の似姿であると言われるのは、第二の仕方による」から、「人間における似姿の不完全性を示すため、人間は単に似姿だけではなく、さらに似姿へと（ad imaginem）とも言われ、このことによって完全性（perfectio）へと向かう者の何らかの運動が示されている」のに対し、「御子は御父の完全な似姿である」と言っている[11]。

先の「事物の種における類似性」とは、「王の似姿がその子のうちに見いだされるように、種に関して同じ本性の事物において」認められる場合の類似性であり、この仕方で「御子は御父の完全な似姿である」。これに対して、

「種の何らかのしるしにおける類似性」とは、「王の似姿がデナリオ貨幣のうちに見いだされるように、別の本性の事物において」認められる場合の類似性を意味している。そして、人間が神の似姿とされるのは、後者の不完全な仕方にもとづいており、「人間における似姿の不完全性を示すため」、人間は「似姿へとも言われ、このことによって完全性へと向かう者の何らかの運動が示されている」。

この個所から、いくつかの重要なことが明らかにされている。まず、「ものの似姿は、二通りの仕方で、何かのうちに見いだされ」るという議論の中で、人間と御子が同時に言及されているという点である。もちろん、似姿としての完全性には無限の隔たりがあるとしても、人間が神を範型とする似姿であるということは、御子との関係から成立している。すなわち、似姿であるという点で、人間は何らかの仕方で神なる御子へと秩序づけられているのである。

次に、完全な似姿が「子としての類似性」として位置づけられている点である。「理性的被造物の神への運動」が「範型へと向かう似姿の運動」であり、「完全な似姿への運動」であるならば、この運動はまた、「神の子としての類似性への運動」として捉えられる。このかぎりにおいて、人間は何らかの仕方で神の子としての性格へと秩序づけられている。

さらに、人間における似姿の不完全性によって、「完全性へと向かう者の何らかの運動が示されている」と明言されている点である。この運動こそ、「神への運動」であり、「完全な似姿への運動」にほかならない。「人間が神の似姿であると言われるのは」、「王の似姿がデナリオ貨幣のうちに見いだされるように、別の本性の事物において認められ」る場合であるが、かかる運動が現実化されるためには、この本性そのものがより完全なものとなる必要がある。「神への運動」とは、「完全性へと向かう者の何らかの運動」であり、このことは、人間の本性そのものにかかわっているのである。

第三節　似姿としての表現——神への認識と愛

さて、「世界が神的な摂理によって支配されていることを認めるならば、宇宙の共同体全体が神的な理念によって統宰されているということは明らかである」[12]。しかるに、「人間は、たしかに、神から道具のごとく動かされるが、しかしこのことは」、「人間が自由意思によって自らを動かすということを排除するものではない」[13]。したがって、範型である神へと向かう似姿としての人間の運動は、一方では神の摂理と統宰のもとに、他方では人間の自由と主権のもとに展開されることになる。神の摂理は、人間の自由意思のはたらきと対立しているのではなく、その人間のはたらきをも包含して統宰している。

では、「完全性へと向かう者の何らかの運動」とは、具体的に人間のどのようなはたらきを意味しているのであろうか。アクィナスは、『神学大全』第一部第九三問題第四項で、「神の似姿はいかなる人間のうちにも見いだされるか」を論じており、その主文で、「知性的本性が神を最高度に模倣するのは、神が自らを知性認識し、愛するということに関するかぎりにおいて」であるから、「神の似姿は、三通りの仕方で、人間のうちに観られうる」が、「一つには、神を知性認識し愛するということへの自然本性的な適性（aptitudo）を人間が有するかぎりにおいてで」、「かかる適性は、すべての人間に共通であるところの、精神の自然本性（natura mentis）そのもののうちに成立して」おり、「もう一つには、人間が現実態（actus）か能力態（habitus）によって神を認識し愛するが、しかし不完全な仕方によるかぎりにおいてで」、「これは恩恵（gratia）の相似性（conformitas）による似姿」であり、「第三には、人間が神を現実態によって完全に認識し愛するかぎりにおいてで」、これは「栄光（gloria）の類似性にもとづく似姿」であって、「それゆえ、第一の似姿はすべての人間のうちに、第二の似姿は義人（iustus）のみに、これに対して第三の似姿は、ただ至福者（beatus）のうちに見いだされる」と言っている[14]。「神が自らを知性認識し、愛する」ということが神における根源的なはたらきである。言葉の発出も愛の発出も、かかる知性認識と愛にもとづいて成立している。したがって、人間が「神を最高度に模倣する」のは、この根源的なはたらきに関してであるということになる。範型である神へと向かう似姿の運動は、神への認識と愛にそくして展開され、そして、人間が似姿であるということも、かかる根源的なはたらきにもとづいて区別されるのである。すなわち、かかる認識と愛がどれだけ完全であるかに応じて、似姿の意味そのものが異なってくる。「神を知性認識し愛するということへの自然本性的な適性を人間が有するかぎりにおいて」は、この適性が「すべての人間に共通であるところの、精神の自然本性そのもののうちに成立」していることから、かかる似姿がすべての人間のうちに見いだされる。このような認識と愛は、いわば「可能態（potentia）」における自然本性的な適性である。

これに対して、「人間が現実態か能力態によって神を認識し愛するが、しかし不完全な仕方によるかぎりにおいて」は、「恩恵の相似性による似姿」が義人のうちに、そして、「人間が神を現実態によって完全に認識し愛するかぎりにおいて」は、「栄光の類似性にもとづく似姿」がただ至福者のうちに、それぞれ見いだされることになる。かかる区別は、範型へと向かう似姿の運動そのものの「究極」を意味しているわけである。

じっさい、「全体が属する共同善とは神自身であり、神のうちにすべての者の至福は成立している」から、「ちょうど部分が全体の善へと秩序づけられるように、直しき理性と自然本性の誘発にそくして、おのおの者は自ら自身を神へと秩序づける」[15]。人間が神を認識し愛するということは、共同善であり、そこに至福が成立している神へと自らを秩序づけることから可能になる。このかぎりにおいて、似姿の運動はかかる秩序づけにそくして捉えられる。神への認識と愛を通じて、人間は神の似姿として位置づけられる。共同善である神への運動は、人間の側からは、神への認識と愛によって現実化されるのである。

第四節　究極目的としての神——似姿の運動

ところで、「聖なる教えにおいては、すべてが」、「神自身であること、あるいは根源または究極としての神に秩序づけられているということを根拠として論じられる」。しかるに、人間は似姿として、特別な仕方でこの秩序づけにかかわっている。アクィナスは、「この究極目的においてほかの被造物も一致しているか」を論じている『神学大全』第二–一部第一問題第八項の主文で、目的は、「そこにおいて善の性格が見いだされる事物そのもの」と、「そのものの使用（usus）ないし達成（adeptio）」という、二通りの仕方で語られるとしたうえで、次のように言っている。

もしそれゆえ、目的であるところのものそのものに関するかぎりにおいて、我々が人間の究極目的について語るのであれば、その場合、人間の究極目的にすべてのほかのものが一致している。なぜなら、神は、人間の、そしてすべてのほかのものの究極目的だからである。これに対して、目的への「到達（consecutio）」に関するかぎりにおいて、我々が人間の究極目的について語るのであれば、その場合、人間のこの究極目的に非理性的な被造物は参与しない。じっさい、人間とほかの理性的被造物は、神を認識し、愛することによって究極目的へと到達する。(16)

目的には、「そこにおいて善の性格が見いだされる」ところの「善である存在そのもの」と、「そのものの使用ないし達成」としての到達という、二通りの仕方で言及することができる。そして、前者の場合、神はすべてのものの根源であり究極であるから、このかぎりにおいて神は、人間を含めたありとあらゆる存在の究極目的であるということが結論づけられる。

これに対して、「人間がほかの非理性的被造物から異なっているのは、自らのはたらきの主であるという点において」であり、「人間は、理性と意志によって自らのはたらきの主である」[17]。人間が「自由意思によって自らを動かす」ということが、自らの行動に対する権力と根源を意味している。このかぎりにおいて、究極目的への運動は、理性による認識と意志による欲求にもとづいて、人間の主権のもとに成立している。

しかるに、「神は、人間の、そしてすべてのほかのものの究極目的」であり、神こそ人間の根源であり究極であることから、かかる認識と欲求は、最終的には神に対する認識と欲求、すなわち「神への認識と愛」として捉えられうる。したがって、「目的であるものの使用ないし達成」という場合、「人間とほかの理性的被造物は、神を認識し、愛することによって究極目的へと到達する」。その一方、非理性的被造物は、理性を欠いているために、このような認識と愛を有することはできない。そのため、「人間のこの究極目的に非理性的な被造物は参与しない」ことになる。

ところで、ここにはある種の循環が認められよう。なぜなら、究極目的である神を認識し愛することによって、究極目的である神へと到達するからである。しかし、これは平面的な循環ではなく、むしろ、神への認識と愛がより高められることによって、「究極目的へと到達する」ことがより現実的になると考えられる。

じっさい、聖なる教えの根源的な意図は、「神に関する認識を伝えること」であるから、人間が神への認識と愛によって究極目的へと到達するということが、かかる根源的な意図のなかで問われている。至福である究極目的とは、聖なる教えが意図するところの「神に関する認識」のもとに捉えられ、そして、人間の究極目的への運動は、「神への認識と愛」によって現実化されるのである。

第五節　神的共同体における似姿――似姿としての主

『神学大全』第二部では、「神に関する認識を伝える」という「聖なる教えの根源的な意図」にもとづいて、「理性的被造物の神への運動」が、「似姿、すなわち人間」に関する考察として展開されている。じっさい、人間の神への運動にそくして、人間は似姿とされるのであるが、それは、「自由意思と自らの行動の権力を持つ者として、人間もまた自らの行動の根源であるかぎりにおいてである」。

人間は、自らの行動に関して何らかの権力を持ち、その根源であるかぎりにおいて、範型である神の似姿として位置づけられる。人間の神への運動とは、範型である神へと向かう似姿の運動にほかならない。そして、この運動は、「自らの行動の根源」である人間によって展開される。さらに、「自らの行動の根源」とは、人間が「自らのはたらきの主である」ということを意味している。

人間は動物である以上、動物としてさまざまな行為を為している。しかるに、それらの行為の中で、人間がほかの非理性的被造物から区別された、人間に固有な「人間的行為」が、「人間がその主であるところの行為」である。そして、この人間的行為が『神学大全』第二部における考察の対象となる。

したがって、人間を「自らのはたらきの主」として規定することは、『神学大全』全体を貫くきわめて重要な前提である。しかし、この主が、あくまで神を範型とした似姿に関する考察において論じられているという点は、非常に肝要である。すなわち、人間は、単に「自らのはたらきの主」なのではなく、あくまで、「似姿としての主」なのである。

じっさい、似姿との関連なしに主が解される場合、人間の主権の範囲はあいまいになり、自我の絶対性へと通じる危険性を孕んでいる。現在、我々が直面している多くの問題は、この危険性に由来していると言っても過言ではなかろう。我々が自らを究極目的へと、そして共同善へと正しく秩序づけられないことの原因は、自我を絶対的なものとして捉えようとする姿勢にあるのではないだろうか。

しかるに、すくなくともアクィナスにおいて、主はあくまで、「似姿としての主」である。似姿が範型である神との関係において成立しているように、人間が自らのはたらきの主であるということも神との関係から成り立っている。人間は、「神への運動」において、似姿としての主であり、「自らの行動の根源」なのである。

ところで、「人間は、理性と意志によって自らのはたらきの主」であり、人間的行為は理性による認識と意志による欲求によって展開される。しかるに、「ある能力から発出する行為はすべて、能力の対象が有する性格にそくして、その能力から原因されることは明らか」であり、「意志の対象は、目的であり善である」ゆえに、「すべての人間的行為は目的のためにあるものでなければならない[18]」。

かくして、意志は、理性が何らかの善のうちに目的としての性格を認識することによって、その善を目的として欲求することができる。そして、このような認識と欲求にもとづいて、神への認識と愛が現実化されうる。「神を認識し、愛することによって究極目的へと到達する」ということは、似姿としての主である人間に開かれた可能性なのである。

たしかに、すべての人間は、その精神の自然本性のうちに、神への認識と愛に対する自然本性的な適性を有している。すなわち、人間は自然本性的な仕方で、範型である神への認識と愛へと開かれた存在なのである。しかし、この段階での認識と愛は、可能的な段階にとどまっており、そこには不完全な似姿の表現が認められるにすぎない。

これに対して、「現実態か能力態によって神を認識し愛するが、しかし不完全な仕方による」場合は、「恩恵の相似性による似姿」が人間のうちに見いだされる。恩恵を受けるか否かは、人間の自然本性を超えている。そのかぎりにおいて、範型である神への運動がより完全なものとなるためには、超自然本性的な要素が不可欠となる。さらに、「人間が神を現実態によって完全に認識し愛する」場合は、もっとも完全な似姿である「栄光の類似性にもとづく似姿」が人間のうちに認められる。この段階が、似姿の表現の究極であり、神への運動は、この究極をめざして展開される。

それゆえ、この運動は、人間の自然本性において展開されるところの、超自然本性的な完成への運動ということになる。神を範型する似姿であるという点に、超自然本性への可能性が認められる。神的共同体において、似姿である人間は、自らの自然本性にそくして、超自然本性へと秩序づけられているのである。

註

（1）S.*T.*I, q.2, intro. 第一部第一章註（7）参照。
（2）S.*T.*I-II, prologus. postquam praedictum est de exemplari, scilicet de Deo, et de his quae processerunt ex divina potestate secundum eius voluntatem; restat ut consideremus de eius imagine, idest de homine, secundum quod et ipse est suorum operum principium, quasi liberum arbitrium habens et suorum operum potestatem. 佐々木 二〇〇五、七頁。人間が神の似姿であるということは、至福への可能性を意味しており（Aillet 1993, p.297; Lafont 1961, p.175）、それは、至福への道であり（Michel 1979, p.127）、人間の本性が神への類似にむけて変えられる可能性でもある（Aubert 1982, p.105）。
（3）S.*T.*I, q.1, a.7, c. 第一部第一章註（5）参照。
（4）S.*T.*I, q.103, a.5, c. 第一部第一章註（9）参照。

（5）S. *T*. I, q.64, a.2, c. Et ergo consuevit dici quod liberum arbitrium hominis flexibile est ad oppositum et ante electionem, et post; liberum autem arbitrium angeli est flexibile ad utrumque oppositum ante electionem, sed non post. Sic igitur et boni angeli, semper adhaerentes iustitiae, sunt in illa confirmati: mali vero, peccantes, sunt in peccato obstinati.　ブラウンは天使だけではなく人間の魂も必然的存在であると言っているが（Brown 1969, p.162）、この点は似姿としての人間理解にとっても大切であると言えよう。

（6）S. *T*. I, q.62, a.5, ad 1. Et ideo homini longior via data est ad merendum beatitudinem, quam angelo.

（7）*Oxford Latin Dictionary*, ed. Glare, P. G. W., Clarendon 1982, p.831.　佐々木 二〇〇五、一九頁。

（8）S. *T*. I, q.35, a.1, c. de ratione imaginis est similitudo. Non tamen quaecumque similitudo sufficit ad rationem imaginis; sed similitudo quae est in specie rei, vel saltem in aliquo signo speciei.... —Sed neque ipsa similitudo speciei sufficit vel figurae; sed requiritur ad rationem imaginis origo... Ad hoc ergo quod vere aliquid sit imago, requiritur quod ex alio procedat simile et in specie, vel saltem in signo speciei.　佐々木 二〇〇五、二一―二二頁。

（9）S. *T*. I, q.28, a.4, c. Huiusmodi autem processiones sunt duae tantum, ut supra dictum est (q.27, a.5): quarum una accipitur secundum actionem intellectus, quae est processio verbi; alia secundum actionem voluntatis, quae est processio amoris.　佐々木 二〇〇五、一九―二〇頁。エメリーはかかる二つの発出が神による創造と神への帰還の原因であり根拠であると言っているが（Emery 2004, p.62）、この指摘は『神学大全』における三位一体論の位置づけを考えるうえで大切であろう。

（10）S. *T*. I, q.30, a.2, c. Relinquitur ergo quod spiratio conveniat et personae Patris et personae Filii, utpote nullam habens oppositionem relativam nec ad paternitatem nec ad filiationem. Et per consequens oportet quod conveniat processio alteri personae, quae dicitur persona Spiritus Sancti, quod per modum amoris procedit, ut supra habitum est (q.27, a.4). Relinquitur ergo tantum tres personas esse in divinis, scilicet Patrem et Filium et Spiritum Sanctum.　佐々木 二〇〇五、二〇頁。

（11）S. *T*. I, q.35, a.2, ad 3. imago alicuius dupliciter in aliquo invenitur. Uno modo, in re eiusdem naturae secundum speciem: ut imago regis invenitur in filio suo. Alio modo, in re alterius naturae: sicut imago regis invenitur in denario. Primo autem modo, Filius est imago Patris: secundo autem modo dicitur homo imago Dei. Et ideo ad designandam in homine imperfectionem imaginis, homo non solum dicitur imago, sed ad imaginem, per quod motus quidam tendentis in perfectionem designatur. Sed de Filio Dei non potest dici quod sit ad imaginem, quia est perfecta Patris imago. 佐々木 二〇〇五、二四頁。

（12）*S.T.*I-II, q.91, a.1, c. 第一部第一章註（8）参照。

（13）*S.T.*I-II, q.21, a.4, ad 2. 序註（5）参照。

（14）*S.T.*I, q.93, a.4, c. cum homo secundum intellectualem naturam ad imaginem Dei esse dicatur, secundum hoc est maxime ad imaginem Dei, secundum quod intellectualis natura Deum maxime imitari potest. Imitatur autem intellectualis natura maxime Deum quantum ad hoc, quod Deus seipsum intelligit et amat. Unde imago Dei tripliciter potest considerari in homine. Uno quidem modo, secundum quod homo habet aptitudinem naturalem ad intelligendum et amandum Deum: et haec aptitudo consistit in ipsa natura mentis, quae est communis omnibus hominibus. Alio modo, secundum quod homo actu vel habitu Deum cognoscit et amat, sed tamen imperfecte: et haec est imago per conformitatem gratiae. Tertio modo, secundum quod homo Deum actu cognoscit et amat perfecte: et sic attenditur imago secundum similitudinem gloriae. Unde super illud *Psalm.*4, [7], Signatum est super nos lumen vultus tui, Domine, Glossa distinguit triplicem imaginem: scilicet creationis, recreationis et similitudinis. ―Prima ergo imago invenitur in omnibus hominibus; secunda in iustis tantum; tertia vero solum in beatis. 佐々木 二〇〇五、三九―四〇頁。じっさい、人間は神との関係においてのみ、幸福を見いだすことができるのであり（Dauphinais・Levering 2002, p.38）、そこに人間の完全性が成立している（Leclercq 1955, p.186）。特に栄光への可能性は受肉の神秘にかかわっている（Weinandy 2004, p.83）。

（15）*De Perf. Vitae Spirit.* c.13, n.634. 序註（6）参照。

（16）*S.T.*I-II, q.1, a.8, c. finis dupliciter dicitur, scilicet cuius, et quo: idest ipsa res in qua ratio boni invenitur, et usus sive adeptio illius rei... Si ergo loquamur de ultimo fine hominis quantum ad ipsam rem quae est finis, sic in ultimo fine hominis omnia alia conveniunt: quia Deus est ultimus finis hominis et omnium aliarum rerum. ―Si autem loquamur de ultimo fine hominis quantum ad consecutionem finis, sic in fine hominis non communicant creatuae irrationales. Nam homo et aliae rationales creaturae consequuntur ultimum finem cognoscendo et amando Deum. このテキストの翻訳に関しては、佐々木二〇〇五、一五二頁でも部分的に掲載されている。

（17）S. T. I-II, q.1, a.1, c. 第一部第一章註（3）参照。なお、註（2）との関連から明らかなように、似姿としての特質から、自らのはたらきの主としての主権が導きだされているという点（Shin 1993, p.101）、そして、意志が対象とする善は、いわゆるエゴイズム的に解釈されうる「私にとっての善」ではなく、そこに共同善への可能性がすでに認められているという点（Finnis 1998, pp.111-112）は、重要であろう。

（18）註（17）参照。「意志の対象は、目的であり善である」から、「すべての人間的行為は目的のためにある」ということは、意志のはたらきが理性ないし知性によって動かされることから成立すると言えよう（Cuypers 2002, pp.99-100）。かかる意志の受動性は、究極目的との関連で、重要な意味を有している（Keenan 1992, p.27）。じっさい、究極目的への運動は、能動と受動の関係にもとづいていると考えられる。

第三章　神的共同体とペルソナ

第一節　似姿の表現——神学の普遍性

似姿とは、本来、そこにおいて範型となる何かが表現されている事物である。そして、「知性的本性が神を最高度に模倣するのは、神が自らを知性認識し、愛するということに関するかぎりにおいて」であるから[1]、人間が範型である神をより完全な仕方で認識し愛するに応じて、人間のうちにはより完全な似姿が見いだされる。しかるに、似姿は「事物の種においてか、すくなくとも種の何らかのしるしにおける類似性」と「起源」にもとづいて、範型を表現しているが[2]、「神は、人間の、そしてすべてのほかのものの究極目的」であるから[3]、存在するかぎり、すべてのものは何らかの仕方で神を表現しているように思われる。じっさい、神は、人間だけではなく、すべてのものの根源であり、究極である。

この点アクィナスは、「被造物のうちに必然的な仕方で三位一体（Trinitas）の痕跡（vestigium）が見いだされるか」を論じている『神学大全』第一部第四五問題第七項の主文で、「結果（effectus）はすべて、何らかの仕方でその原因（causa）を表現しているが、しかし、それはさまざまな仕方」であり、「煙が火を表現するように、原因の形相（forma）ではなく、その原因性（causalitas）のみを表現」する場合、「このような表現（repraesentatio）は痕跡の表現と言われる」のに対し、「原因を、その形相の類似性に関するかぎりにおいて表現」する場合、これが「似姿の表現」であると言っている。(4)

結果は、何らかの仕方でその原因を表現していなければならない。結果はあくまで、その原因である「何か」の結果なのである。そして、原因が何であるかという原因の形相ではなく、その原因性のみを表現する場合が痕跡の表現であり、万物は神を、そして三位一体を痕跡として表現している。これに対して、単なる原因性ではなく、「原因を、その形相の類似性に関するかぎりにおいて表現」している場合が似姿の表現となる。

したがって、「種の何らかのしるしにおける類似性」によって具体化される神に対する似姿の表現とは、神への認識と愛を通じて、何らかの仕方でその「形相の類似性」にまでおよんでいることになる。じっさい、人間は「神を認識し、愛することによって究極目的へと到達する」(5)。人間による神への認識と愛はたとえ不完全であるとしても、このはたらきによって何らかの仕方で、人間は究極目的である神へと到達することが可能になるのである。

理性的被造物である人間は、その精神にそくして、神への認識と愛というはたらきにもとづいて、神を似姿として表現している。そして、この表現が主としての主権を可能にしている。このかぎりにおいて、人間は似姿と主という点で、特別な存在として位置づけられる。しかし、この特別な性格は、あくまで「神への運動」における特殊性であって、そこから、いわゆる「人間中心主義」や「キリスト教至上主義」が帰結されるわけではない。神学が啓示にもとづく救済に関する学であるとしても、その救いは個人的なものではありえない。キリストによる救いの範囲を、人間の側から決めることは不可能であると同時に、そのような姿勢そのものが非常に危険である。

じっさい、「聖なる教えにおいては、すべてが神を根拠として取り扱われる」のであり、「それらが神自身であること、あるいは根源または究極としての神に秩序づけられているということを根拠として論じられる」(6)。人間が神の似姿であり、自らのはたらきの主であることは、それ自体完結した人間の特質なのではなく、あくまで「神を根拠として」論じられなければならない。そこに神学の普遍性が認められよう。

第二節　主と僕――相対的関係

さて、人間は、「自由意思と自らの行動の権力を持つ者として、人間もまた自らの行動の根源であるかぎりにおいて」神を範型とする似姿であり[7]、そして、かかる似姿の特質にもとづいて、「人間は、自らのはたらきの主である」[8]。しかるに、アクィナスにおける主（dominus）の用法は、二つの点で特徴づけられる。すなわち、その用例の多くが神、そしてキリストを示す言葉として用いられている[9]。そして、「僕のいない主はなく、主のいない僕もない」というように[10]、多くの場合、この言葉は僕との関係から用いられている。

かかる二つの点は、アクィナスにおける主に関する解釈にとって、きわめて重要である。まず第一に、主が神を示す言葉であるかぎりにおいて、「人間が自らのはたらきの主である」ということは、何らかの超越性を表示することになる。すなわち、神と人間のあいだには無限の隔たりが認められるにしても、神に帰せられるべき名が人間的行為の規定において用いられているということは、そこに何らかの神的可能性が見いだされうる。

人間が自らのはたらきの主であるということは、あくまで神との関係において成立している。それはちょうど、「人間における似姿の不完全性を示すため、人間は単に似姿だけではなく、さらに似姿へととも言われ、このことによって完全性へと向かう者の何らかの運動が示されている」という場合の「完全性」が、「御子は御父の完全な似姿である」ということと関連づけられうるようにである[11]。

第二に、主がキリストを示す言葉であるかぎりにおいて、「人間が自らのはたらきの主である」ということの意味は、「人間であるかぎり、我々にとって神へと向かう道であるキリスト」[12]との関連から、より現実的な仕方で捉えられる可能性へと開かれている。すなわち、人間が自らのはたらきの主であるということは、何らかの仕方で、人間であるかぎりのキリストへと関連づけられることになる。

第三に、「僕のいない主はなく、主のいない僕もない」ということから、一方がなくなれば他方もなくなるという仕方で、主であるということ、そして僕であるということは、何らかの特別な関係において成立していると考えられる。じっさい、アクィナスは、『神学大全』第三部第二〇問題第一項の異論解答で、次のように言っている。

「隷属（servitus）」と「主権（dominium）」の関係は、「能動」と「受動」にもとづいて確立される。それはすなわち、主によってその命令にそくして動かされるということが僕に属するかぎりにおいてである。しかるに、行為するということは、本性に「能動者（agens）」として帰せられるのではなく、「ペルソナ」に帰せられる。（中略）しかるに、能動は本性に、その本性にもとづいてペルソナないし「ヒュポスタシス（hypostasis）」が行為するかぎりにおいて帰せられる。そしてそれゆえ、本性が主ないし僕であると本来的には言われないが、しかし、あるヒュポスタシスやペルソナが、この、ないし、あの本性にそくして、主もしくは僕であると本来的な仕方で言われうる。このかぎりにおいて、キリストが、人間本性にそくして、御父に従属している、ないし僕であると言うことは何の妨げもないのである。(13)

主と僕の関係とは、主権と隷属の関係であり、能動と受動にもとづく関係である。主とは、僕を自らの命令によって動かすという「能動性」にそくして、僕に対する主権を有している。これに対して、僕は主の命令によって動かされるという「受動性」にそくして、主に隷属している。したがって、主と僕の関係は、能動と受動にもとづく、ある種の相対的な関係を意味している。すなわち、一方の存在が他方の存在を相互に前提している。それゆえ、

「主である」ということは、それ自体単独で主張できることではなく、その主権は僕に対する隷属にもとづいて成立しているわけである[14]。

さらに、「能動は本性に、その本性にもとづいてペルソナないしヒュポスタシスが行為するかぎりにおいて帰せられる」。たとえば、人間的行為における能動は、人間的本性にそくしてペルソナである人間が何かを為すかぎりにおいて、その本性へと帰せられるのである。このため、「あるヒュポスタシスやペルソナが、この、ないし、あの本性にそくして、主もしくは僕であると本来的な仕方で言われうる」。主である人間は、僕である人間を命令によって動かすが、そこに能動と受動の関係が成立するためには、いずれも理性的本性にそくして命令を発し、命令を理解しなければならない。

第三節　現実態としての目的——人間的行為の根源と終局

かくして、「キリストが、人間本性にそくして、御父に従属している、ないし僕である」と言われうる。キリストにおける神性と人性の関係は、まさに主と僕の関係として捉えられる。人間であるかぎりのキリストは、まさにその受動性において、「我々にとって神へと向かう道」となるのではないだろうか。

しかるに、「隷属と主権の関係は、能動と受動にもとづいて確立される」。そして、かかる「能動と受動」にそくして、主と僕のあいだには、一方がなくなれば他方もなくなるという「相対的関係」が成立している。したがって、「人間が自らのはたらきの主である」という場合も、そこに「能動と受動の関係」が認められなければならない。たしかに、「自らのはたらきの主」という場合、そこに僕の存在が明示されているわけではない。しかし、「僕のいない主はなく、主のいない僕もない」のである以上、そこに何らかの仕方で、「主と僕の関係」が見いだされなければならない。そして、かかる僕は、能動と受動によって成立する行為の「受動性」にそくして理解されるのではないだろうか。

じっさい、アクィナスは、『神学大全』第二―一部第一問題第三項で、「人間的行為は目的から種を受けとるか」を問題にしており、その主文で、「おのおののものは、可能態ではなく、現実態にそくして種を獲得」し、「運動は何らかの仕方で能動と受動に区別されるから」、「能動は、はたらきの根源である現実態から、これに対して、受動は、運動の終局（terminus）である現実態から」種を獲得するが、人間的行為も、「人間が自分自身を動かす（movet seipsum）、そして、人間が自分自身によって動かされる（movetur a seipso）ということにもとづいて」、いずれの仕方でも「目的から種を獲得する」のであり、それは、「行為は、考量された意志から発出するかぎりにおいて、人間的と言われ」、「意志の対象は善であり目的である」から、「人間的であるかぎりにおける人間的行為の根源が目的であることは明らかである」一方、「それへと人間的行為が終極づけられるものは、意志が目的として意図するところのものにほかならないから」、「同様に、目的はかかる行為の終局でも」あり、さらに、「倫理的行為は本来的な仕方で目的から種を獲得する」ゆえに、「倫理的行為と人間的行為は同一なのである」と言っている。(15)

何かが「種を獲得する」ということは、それが「どのような種に属するか」という仕方で、そのものの性質が決定されることを意味している。それはすなわち、倫理的な意味での種であり、そのため、「倫理的行為と人間的行為は同一」とされる。そして、そのような種は、何かをすることが可能であるという可能態にそくして捉えることはできない。可能態では、その性格が確定されないからである。したがって、かかる性格はその現実態から受けとられる。

しかるに、このような種の決定は、運動本来のあり方に適合している。そして、運動そのものは、「能動と受動」という観点から区別される。それは、その運動が「何を根源として現実化される」か、そして、「いかなる終局をめざして現実化される」か、という区別である。そのため、運動は根源である現実態からも、終局である現実態からも種を受けとることになる。

人間的行為の場合、「考量された意志から発出する」行為であり、「意志の対象は、目的であり善である」ということから、目的は人間的行為の根源である。同時に、人間的行為は意志によって限定された何かを目的として発出することから、目的は人間的行為の終局でもある。したがって、人間的行為は、根源としての現実態である目的からも、終局としての現実態である目的からも種を受けとるわけである。

第四節　人間的行為における能動と受動——主の主権

さて、人間的行為が種を獲得するということは、人間的行為の種的な性格が決定されることであり、この場合の種的な性格とは倫理的性格にほかならない。すなわち、その人間的行為の倫理性は、いかなる目的によって、どのような目的をめざして現実化されたかに応じて、決定されるのである。

したがって、外見上はまったく同じように思われる行為であったとしても、その目的が何かによって、その行為の倫理的内容は異なることになる。じっさい、人間的行為は、構造的には、善と目的を対象とする意志から発出する行為であるが、この場合の善が倫理的な意味での善であるとはかぎらない。倫理的な意味では善ではないものを目的とするということは、我々にとってきわめて現実的なのである。

しかるに、「運動は何らかの仕方で能動と受動に区別される」が、人間的行為においては、能動では「人間が自分自身を動かす」ということを、受動では、「人間が自分自身によって動かされる」ということを、それぞれ意味しており、このような能動と受動の区別にもとづいて、人間的行為そのもののが成立している。

もし、人間的行為が単なる能動性に由来するのであれば、その場合の主権は、まさに「隷属と主権の関係」にもとづくものとして捉えられる。その結果、自らのはたらきの主とは侵すことのできない人間の自律性や主体性を意味することになり、その主権は、受動的要素を排除する以上、容易に肥大化され、絶対化される可能性にさらされる。そのような状況では、自己はどこまでも主となり、自己を他者や共同体において正しく秩序づけることが非常に困難になるであろう。

これに対して、「人間が自分自身によって動かされる」という受動性にもとづいて、「人間が自分自身を動かす」という能動性が成立しているという点から出発するかぎり、人間的行為における「能動と受動の関係」は、いわば「動かす自己」と「動かされる自己」との有機的な緊張関係として解されうるであろう。

このような「動かす自己と動かされる自己の関係」にもとづくならば、人間的行為が、現実にはきわめて複雑であること、自分自身がその主でありながらも往々にして自分でも制御が難しい場合がすくなくないこと、そして、人間そのものがその内部にある種の緊張をはらんでいることなどを、理解することができる。

さらに、受動性がより大きな能動性を可能にするという仕方で、人間的行為そのものの可能性を捉えることもできよう。もちろん、この場合の「可能性」とは、倫理的な意味での善にも悪にも向かいうる可能性である。しかしながら、人間の神への運動は、このような能動と受動の関係から成立している。

人間が自らのはたらきの主であるということは、「神への運動」を可能にする前提である。たしかに、そこには僕という用語は用いられていない。しかし、人間的行為は、「能動と受動の関係」にそくして、すなわち「人間が自分自身を動かす、そして、人間が自分自身によって動かされる」ということから成立している以上、その「受動性」のうちに、僕としての要素を読み取ることができよう。むしろ、この受動性こそが、自らのはたらきの主としての主権を構成しており、「神への運動」を秩序づけているのではないだろうか。

第五節　神的共同体とペルソナ――人間の神的可能性

さて、先の引用では、「行為するということは、本性に能動者として帰せられるのではなく、ペルソナに帰せられる」と言われている。しかるに、行為することが帰せられるということは、行為そのものが主権のもとに為され、その行為の内容がその主権者に帰属せしめられるということを意味している。じっさい、「自由意思と自らの行動の権力を持つ者として、人間もまた自らの行動の根源であるかぎり」、人間は神を範型とする似姿として位置づけられ、かかる権力と根源にもとづいて人間は「自らのはたらきの主」であり、その結果、「人間による善きないし悪しき行為すべては、行為の性格そのものにもとづいて、神のまえにおいて、功徳や罪業という性格を有する」(16)。

では、そもそも「ペルソナ」とは何を意味しているのであろうか。アクィナスは、『神学大全』第一部第二九問題第一項で、「理性的本性を有する個別実体（rationalis naturae individua substantia）」という「ペルソナの定義」について論じており、その主文で、「自らのはたらきの主権を持ち」、「自体的な仕方で（per se）はたらくところの、理性的実体においては、個別的、個的なものが、何らかのより特別、より完全な仕方で見いだされ」、「諸行為は単一者（singularia）のうちに存する」から、「ほかの諸実体の中で、理性的本性を持った単一者は、何らかの特別な名（nomen）を有して」おり、「そして、この名がペルソナである」と言っている(17)。

ペルソナとは、単なる個的な実体を意味するわけではない。犬や猫のような生物であれ、石などの無生物であれ、存在するものは何らかの仕方で「個物」として捉えられよう。しかるに、理性を持たないものは、ただ動かされるだけで、自らによって自らを動かすことはない。すなわち、それらには、単なる「受動性」が認められるにすぎない。なぜなら、目的としての性格を認識する能力を欠いているからである。

これに対して、理性を有する者は、自らのはたらきに関して主権を有するという点で、自らを自体的な仕方で、すなわち自らによって動かすことができる。じっさい、人間的行為は、「人間が自分自身を動かす、そして、人間が自分自身によって動かされる」という「能動と受動」にもとづいて成立している。この「能動と受動」の構造において、人間は自らのはたらきの主である。

しかるに、自体的な仕方ではたらくということは、その行為の主体が「個別的、個的なもの」でなければならない。なぜなら、「諸行為は単一者のうちに存する」のであり、個々の人間が個別的な仕方で「自らのはたらきの主」だからである。したがって、「ほかの諸実体の中で、理性的本性を持った単一者」には、「ペルソナ」という特別な名が帰せられる。ペルソナとは、「理性的本性を有する個別実体」にほかならない。この「ペルソナ」は、もちろん、本来的には、神の三なるペルソナに由来している。このかぎりにおいて、人間がペルソナであるということは、神なるペルソナとの関係から捉えられなければならない。人間は、ペルソナとして、似姿であり、主なのである。

したがって、「人間であるところの、また人間が為しうる、さらに持つところの全体は、神へと秩序づけられなければならない」ということは[18]、人類全体と神との関係として解されうるとしても、厳密にはペルソナとしての個別的な個々の人間と神との関係を意味していると考えられる。そのため、「人間による善きないし悪しき行為すべては、行為の性格そのものにもとづいて、神のまえにおいて、功徳や罪業という性格を有する」ということが、個々の人間の主権のもとに成立するわけである。

じっさい、「ある人間の行為は他者へと秩序づけられるかぎりにおいて、他者自身の性格によるにせよ、共同体の性格によるにせよ、功徳や罪業という性格を有する」が、「いずれの仕方でも、我々の善きないし悪しき行為は、神のまえにおいて、功徳や罪業という性格を有する[19]」。神的共同体において、人間は、個別的な仕方で捉えられる他者としての神に対しても、共同体の性格のうちに捉えられる他者としての神に対しても、自己の行為にもとづいて功徳や罪業という性格を有するのである。

神的共同体において、人間は一人一人が個別的な仕方で部分として位置づけられており、人間がペルソナであるということそのものが、人間の神的可能性を前提にしている。人間は、御父の完全な似姿である御子との関係において「神を範型とする似姿」であり、主である神、そしてキリストとの関連から「自らのはたらきの主」と位置づけられ、さらに、神なるペルソナへの可能性において、ペルソナという名が与えられているのである。

註

（1）S.T.I, q.93, a.4, c.　第一部第二章註（14）参照。

（2）S.T.I, q.35, a.1, c.　第一部第二章註（8）参照。

（3）S.T.I-II, q.1, a.8, c.　第一部第二章註（16）参照。

（4）S.T.I, q.45, a.7, c. omnis effectus aliqualiter repraesentat suam causam, sed diversimode. Nam aliquis effectus repraesentat solam causalitatem causae, non autem formam eius, sicut fumus repraesentat ignem: et talis repraesentatio dicitur esse repraesentatio vestigii; vestigium enim demonstrat motum alicuius transeuntis, sed non qualis sit. Aliquis autem effectus repraesentat causam quantum ad similitudinem formae eius, sicut ignis generatus ignem generantem, et statua Mercurii Mercurium: et haec est repaesentatio imaginis.　佐々木 二〇〇五、四三頁。

（5）註（3）参照。

（6）S.T.I, q.1, a.7, c.　第一部第一章註（5）参照。

（7）*S.T.*I-II, prologus. 第一部第二章註（2）参照。

（8）*S.T.*I-II, q.1, a.1, c. 第一部第一章註（3）参照。

（9）*Index Thomisticus*, ed. Busa, R., Sectio Secunda, Concordantia Operum Thomisticorum, Concordantia Prima, and Altera, Stuttgart 1974. によると、主に関してはPrimaで四七二八、Alteraで一二一九三、計一六二九一の用例があげられているが、その多くは神やキリストに関するもので、Primaにおける「はたらきの主」の用例は約三％にすぎない。佐々木 二〇〇五、三八頁。

（10）*In X Metaphys.*, l.8, n.2094. Non enim est sine servo dominus, nec servus sine domino. 佐々木 二〇〇五、七四頁。

（11）*S.T.*I, q.35, a.2, ad 3. 第一部第二章註（11）参照。

（12）*S.T.*I, q.2, intro. 第一部第一章註（7）参照。

（13）*S.T.*III, q.20, a.1, ad 2. relatio servitutis et dominii fundatur super actione et passione: inquantum scilicet servi est moveri a domino secundum imperium. Agere autem non attribuitur naturae sicut agenti, sed personae: actus enim suppositorum sunt et singularium, secundum Philosophum. Attribuitur tamen actio naturae sicut ei secundum quam persona vel hypostasis agit. Et ideo, quamvis non proprie dicatur quod natura sit domina vel serva, potest tamen proprie dici quod aliqua hypostasis vel persona sit domina vel serva secundum hanc vel illam naturam. Et secundum hoc, nihil prohibet Christum dicere Patri subiectum, vel servum, secundum humanam naturam. なお、このテキストにおける前半の一部の翻訳は、佐々木 二〇〇五、七五頁と佐々木 二〇〇八、二一―二二頁に掲載されている。

（14）ここでの僕の意味に関しては注意する必要があろう。なぜなら、僕は、人間であるかぎり、神を範型とする似姿でなければならない。アクィナスが「人間は自らのはたらきの主である」と言う時、その場合の「人間」に何らかの区別を前提にしているということは、とうてい考えられない。いかなる人間も、性別や信仰の有無にかかわりなく、人間であるかぎり、神の似姿であり、自らのはたらきの主である。したがって、ここでは、能動と受動という仕方で捉えられる人間関係の説明として、アクィナスは主と僕の関係を積極的に用いているというように考えられる。詳しくは、佐々木 二〇〇五、七七―八五頁参照。

（15）*S.T.*I-II, q.1, a.3, c. unumquodque sortitur speciem secundum actum, et non secundum potentiam: unde ea quae sunt composita ex materia et forma, constituuntur in suis speciebus per proprias formas. Et hoc etiam considerandum est in motibus propriis. Cum enim motus quodammodo distinguatur per actionem et passionem, utrumque horum ab actu speciem sortitur: actio quidem ab actu qui est principium agendi; passio vero ab actu qui est terminus motus... Et utroque modo actus humani, sive considerentur per modum actionum, sive per modum passionum, a fine speciem sortiuntur. Utroque enim modo possunt considerari actus humani: eo quod homo movet seipsum, et movetur a seipso. Dictum est autem supra（q.1, a.1）quod actus dicuntur humani, inquantum procedunt a voluntate deliberata. Obiectum autem voluntatis est bonum et finis. Et ideo manifestum est quod principium humanorum actuum, inquantum sunt humani, est finis. Et similiter est terminus eorundem: nam id ad quod terminatur actus humanus, est id quod voluntas intendit tanquam finem... actus morales proprie speciem sortiuntur ex fine: nam idem sunt actus morales et actus humani.　佐々木 二〇〇五、一〇四―一〇五頁、佐々木 二〇〇八、二三―二四頁。この「能動と受動の構造」は、もともとアリストテレスに由来しているが（Eschmann 1997, p.89）、アクィナスはこの議論を神の存在にまで発展させている（Reitan 1991, pp.189–190）。また、目的にもとづくアクィナスの行為理論が、アクィナスの倫理学を理解するための鍵であるというストーンの主張（Stone 2002, pp.197–198）は、自然法の理解にとっても重要である。

（16）*S.T.*I-II, q.21, a.4, ad 3.　序註（3）参照。

（17）*S.T.*I, q.29, a.1, c. Sed adhuc quodam speciali et perfectiori modo invenitur particulare et individuum in substantiis rationalibus, quae habent dominium sui actus, et non solum aguntur, sicut alia, sed per se agunt: actiones autem in singularibus sunt. Et ideo etiam inter ceteras substantias quoddam speciale nomen habent singularia rationalis naturae. Et hoc nomen est persona.　佐々木 二〇〇八、三八頁。

（18）註（16）参照。

（19）*S.T.*I-II, q.21, a.4, c.　第一部第一章註（14）参照。

第二部　神的共同体と自然法

第一章　神的共同体における能動と受動

第一節　似姿と主――受動性を前提にした能動性

アクィナスにおいて、人間は何より神を範型とするところの似姿であるが、「それは、自由意思と自らの行動の権力を持つ者として、人間もまた自らの行動の根源であるかぎりにおいてである」(1)。そして、「自らの行動の権力と根源」という点から、「人間は、理性と意志によって自らのはたらきの主である」と位置づけられる(2)。

しかるに、主であるということは、僕との関係にもとづいており、「僕のいない主はなく、主のいない僕もない」(3)。それは能動と受動の関係であって、すなわち、「主によってその命令にそくして動かされるということが僕に属するかぎりにおいてである」(4)。さらに、「運動は何らかの仕方で能動と受動に区別されるから」、「能動は、はたらきの根源である現実態から、これに対して、受動は、運動の終局である現実態から」種を獲得するが、人間的行為も、「人間が自分自身を動かす、そして、人間が自分自身によって動かされるということにもとづいて」、いずれの仕方でも「目的から種を獲得する」(5)。

かかる能動と受動の構造にもとづいて、人間的行為は成立する。そして、同様の構造が「似姿の表現」のうちに認められる。「知性的本性が神を最高度に模倣するのは、神が自らを知性認識し、愛するということに関するかぎりにおいて」であるから、[6]神への認識と愛という能動性が「似姿の表現」を可能にし、その結果、かかる能動性がより完全なものとなるに応じて、人間のうちにより完全な似姿が「見いだされる」という受動性もより完全なものとなる。じっさい、「神の似姿」は、「神を知性認識し愛するということへの自然本性的な適性を人間が有するかぎりにおいて」は「すべての人間のうちに」、「人間が現実態か能力態によって神を認識し愛するが、しかし不完全な仕方によるかぎりにおいて」は「義人のみに」、「人間が神を現実態によって完全に認識し愛するかぎりにおいて」は「ただ至福者のうちに」、それぞれ「見いだされる」わけである。[7]

ただし、神的共同体においては、秩序として、能動性を前提にした受動性ではなく、受動性を前提にした能動性が、まず、第一に成立していると考えられる。なぜなら、「人間であるところの、また人間が為しうる、さらに持つところの全体は、神へと秩序づけられなければならない」という絶対的な受動性のもとに、「人間による善きないし悪しき行為すべては、行為の性格そのものにもとづいて、神のまえにおいて、功徳や罪業という性格を有する」という人間の能動性が現実化されるからである。[8]

その一方、「恩恵の相似性による似姿」や「栄光の類似性にもとづく似姿」というような、[9]超自然的な完全性へともたらされるという究極的な受動性に対応するような能動性を、人間は本来的な仕方で有しているわけではない。ただ、「ちょうど部分が全体の善へと秩序づけられるように、直しき理性と自然本性の誘発にそくして、おのおのの者は自ら自身を神へと秩序づける」という仕方で、[10]いわば「受動性を前提にした能動性」が我々にとっての主権を構成していると考えられよう。このことは、デカルト以後の我々にとって、「人間の幸せとは何か」、「善い社会とは何か」を考える際に、立ちかえらなければならないきわめて重要な視点ではないだろうか。

第二節　共同体の部分としてのペルソナ——目的としての共同善

さて、いかなる人間も、「理性的本性を有する個別実体」としてのペルソナであるから、「個別的」で「個的」な存在であり、「理性的本性を持った単一者」にほかならない。[11] このかぎりにおいて、「究極目的への運動」も、それぞれの人間が、「自らのはたらきに対する主権」のもとに、個別的に展開している。

したがって、人間的行為の倫理的性格は、あくまで目的にそくして、個別的な仕方で受けとられる。じっさい、「倫理的行為は本来的な仕方で目的から種を獲得する」ゆえに、「倫理的行為と人間的行為は同一なのである」[12]。人間的行為がいかなる倫理的性格を有するかは、個々の人間がペルソナとしての単一者であることを前提にしている。

しかるに、すべての人間は、人間であるかぎり、ペルソナである。したがって、個人の次元における「究極目的への運動」は、ほかのペルソナとの関係において、より共通的な運動として捉えられるであろう。そして、ペルソナと共同体の関係にそくして、「受動性を前提にした能動性」は別の次元で位置づけられると思われる。じっさいアクィナスは、「正義は情念（passio）にかかわるか」を論じている『神学大全』第二—二部第五八問題第九項の異論解答で、次のように言っている。

「全体」の善がそのいかなる「部分」にとっても目的であるように、「共同善」は、「共同体」のうちに存在している「個別的な個々のペルソナ」にとっての目的である。しかし、一人の個別的なペルソナの善は、ほかのペルソナの目的ではない。そしてそれゆえ、共同善へと秩序づけられている「法的正義」は、ほかの個別的なペルソナの善へと秩序づけられる「特殊的正義（iustitia particularis）」よりも、それによって人間が何らかの仕方で自分自身へと態勢づけられる「内的情念」へと自らを押しひろげることができる。しかしながら、法的正義がより主要な仕方で自らをほかの徳へと押しひろげるのは、徳の外的なはたらきに関してである。すなわち、『倫理学』第五巻で言われているように、法が勇敢な者のはたらきを、節制のとれた者のはたらきを、そして、温和な者のはたらきを命ずるかぎりにおいてである(13)。

ペルソナと共同体との関係は、「部分と全体との関係」として捉えられる。すなわち、ペルソナである人間は、たしかに「理性的本性を持った単一者」であるとしても、あくまで「共同体のうちに存在している」。さらに、共同体のうちに存在するということは、個々のペルソナが全体である共同体に秩序づけられているということから、可能になる。そうでなければ、「共同体」というよりは、むしろ、単なる「集合体」である。そして、この「共同体」の「共同性」が、「そのいかなる部分にとっても目的である」ところの「全体の善」であり、「共同体のうちに存在している個別的な個々のペルソナにとっての目的である」ところの「共同善」にほかならない。

かくして、個々のペルソナは、「共同善を目的とする」という仕方で、共同体の部分として位置づけられる。「似姿としての主」としてペルソナが有する何らかの「超越性」は、共同体において、共同善を目的とすることによって成立している。それゆえ、「究極目的への運動」は、同時に、「共同善への運動」として捉えられる。個の次元における究極目的への運動は、共同体の部分という次元における共同善への運動へと通じていなければならない。さらに、ペルソナが共同体の部分として位置づけられるのは、共同善がペルソナとしての超越性をさらに超えたある種の普遍性を有するからである。そして、かかる普遍的な超越性を目的とする仕方で、ペルソナは共同体の部分である。すなわち、共同体の部分として位置づけられることにより、ペルソナは共同善を目的として秩序づけることができる。そこに、「受動性を前提にした能動性」が認められよう。

第三節　法的正義とペルソナ——法による秩序づけ

たしかに、全体の善がそのいかなる部分にとっても目的であるように、共同善は共同体のうちに存在している個別的な個々のペルソナにとっての目的である。しかるに、一人のペルソナの善がほかのペルソナの目的とされるわけではない。個々のペルソナが目的とするのは、あくまで共同善であり、この前提のもとに、おのおののペルソナは相互に秩序づけられる。

この「一人の個別的なペルソナの善は、ほかのペルソナの目的ではない」という指摘は、非常に重要である。たとえば、教師に弟子が秩序づけられるのは、その教師の有する善のゆえである。そのかぎりにおいて、弟子は教師の善を目的としているという表現は可能であろう。しかし、その場合でも、より正確には、教師が示す真理を共同善として秩序づけられなければならない。そうでなければ、ほかのペルソナへの支配欲さえ、極端な場合には正当化されうることになる。夫婦や親子の関係においても、本来、共同善への秩序を前提にして、個々のペルソナの善が求められなければならないのである。

しかるに、先の「共同善へと秩序づけられている法的正義は、ほかの個別的なペルソナの善へと秩序づけられる特殊的正義よりも、それによって人間が何らかの仕方で自分自身へと態勢づけられる内的情念へと自らを押しひろげることができる」ということは、そもそもどのようなことを意味しているのであろうか。

「正義は人間を、他者への関連において秩序づける」が、他者には「個別的な仕方で考えられる他者」と「一般的な仕方で捉えられる他者」が区別され、「かかる両方の意味での他者に対して、正義は固有な特質にそくしてかかわることができ」、「何らかの共同体のもとに含まれる者はすべて、部分が全体に対するように、その共同体へと関連づけられるということは明らかである」から、「いかなる徳の善も、それがある人間を自分自身へと秩序づけるとしても、自らをほかの何らかの個別的な複数のペルソナへと秩序づけるとしても、それへと正義が秩序づけるところの共同善にまで帰せられうる」のであり、そのため「人間を共同善へと秩序づけることにもとづいて、すべての徳のはたらきは、正義に属することができ」、「共同善へと秩序づけることが法に属していることから、それゆえ、先に言われた仕方で一般的であるとされるところの、この正義は、法的正義と呼ばれる」[14]。

まず、「個別的な仕方で考えられる他者」とは、「自らをほかの何らかの個別的な複数のペルソナへと秩序づけられる」場合のペルソナを意味しており、このことにかかわる徳が、「ほかの個別的なペルソナの善へと秩序づける特殊的正義」である。これに対して、「一般的な仕方で捉えられる他者」は共同体に置き換えられうる他者であり、「何らかの共同体のもとに含まれる者はすべて、部分が全体に対するように、その共同体へと関連づけられるということは明らかである」から、「人間を共同善へと秩序づけることにもとづいて、すべての徳のはたらきは、正義に属することができ」る。この正義が法的正義であり、「剛毅（fortitudo）」や「節制（temperantia）」のような「それがある人間を自分自身へと秩序づける」徳がかかわる情念へと「自らを押しひろげることができる」。

その一方、「法的正義がより主要な仕方で自らをほかの徳へと押しひろげるのは、徳の外的なはたらきに関して」であり、このかぎりにおいて「すべての徳のはたらきは」は法的正義に属している。それはすなわち、ちょうど法が、本来「すべての徳のはたらきを共同善へと秩序づける」のに対し[15]、かかる外的なはたらきに関して、「勇敢な者のはたらきを、節制のとれた者のはたらきを、そして、温和な者のはたらきを命ずる」というようにである。おのおのの徳は、それ自体として固有なはたらきを有している。かかる固有なはたらきに関して徳を捉えるかぎり、「すべての徳のはたらきは、（法的）正義に属する」ということは帰結しないであろう。その一方、正義以外の徳が主要な仕方で情念にかかわり、さらに法的正義が「内的情念へと自らを押しひろげることができる」ことから、このことは帰結されるわけである。

第四節　究極目的である共同善——法の本質

このように、「理性的本性を持った単一者」であるペルソナは、「共同体のうちに存在している」かぎりはその共同体の部分である。そして、「全体の善がそのいかなる部分にとっても目的であるように」、共同善は「個別的な個々のペルソナにとっての目的である」。したがって、人間の究極目的への運動は、「人間を共同善へと秩序づける」ところの法的正義によって、共同善への運動として展開されなければならない。

じっさい、アクィナスは『神学大全』第二―一部第九〇問題第二項で、「法は常に共同善へと秩序づけられているか」を論じており、その主文で、「実践理性がかかわるところの、実践的なことがらにおける第一の根源は究極目的」であり、「人間的な生に関する究極目的とは、幸福（felicitas）、ないし至福である」から、「法は、最高度に、至福へと存する秩序づけにかかわらなければならない」が、「部分はすべて全体へと、不完全なもの（imperfectum）が完全なもの（perfectum）に対するように秩序づけられており、一人の人間は、完全な共同体の部分であるから、法は、本来、共通の幸福への秩序づけにかかわることは必然」であって、「それゆえ、すべての法は、共同善へと秩序づけられている」と言っている[16]。

「法とは、ある完全な共同体を統宰する統治者における、実践理性の何らかの命令にほかならない」が[17]、「実践理性がかかわるところの、実践的なことがらにおける第一の根源は究極目的」ということになる。このことは、意志のはたらきから説明することができよう。アクィナスによると、「自然本性的な必然（necessitas naturalis）は意志に背馳しない」のであって、「知性（intellectus）が必然にもとづいて（ex necessitate）第一基本命題（prima principia）に密着しているように、意志は、必然にもとづいて至福である究極目的に密着していなければならない[18]」。

すなわち、「人間は、理性と意志によって自らのはたらきの主である」が、「意志の対象は、目的であり善である」ゆえに、「すべての人間的行為は目的のためにあるものでなければならない」[19]。目的は、人間的行為の「根源」であると同時に「終局」であり[20]、人間的行為は、「目的によって」、「目的のために」という仕方で成立している。しかるに、意志そのものは、「必然にもとづいて至福である究極目的に密着」しており、このような究極目的への必然的欲求が、意志のはたらきを現実化させるのであって、意志が何かを欲求するということは、至福である究極目的への必然的な欲求から可能になる。

この究極目的への根元的な欲求が、人間的行為の原動力である。このかぎりにおいて、「神への運動」とは、「究極目的への運動」として捉えられる。すべての人間は、自然本性的な仕方で至福を欲求しており、この自然本性的で必然的な欲求にもとづいて、「神への運動」は成立している。それゆえ、「至福である究極目的への密着」という意志の必然性が人間的行為を可能にする根源であり、このことから、「実践理性がかかわるところの、実践的なことがらにおける第一の根源は究極目的」であると位置づけられる。そして、「究極目的とは、幸福、ないし至福である」から、「法は、最高度に、至福へと存する秩序づけにかかわらなければならない」。

その一方、個々のペルソナが共同体の部分として位置づけられ、「共同善は、共同体のうちに存在している個別的な個々のペルソナにとっての目的である」とされるのは、何より、「部分はすべて全体へと、不完全なものが完全なものに対するように秩序づけられて」いるからである。すなわち、部分であるペルソナと全体である共同体の関係は、不完全性と完全性の関係として捉えられる。そのため、部分の次元における「究極目的への秩序」は、いわば必然的な仕方で、全体の次元における「共同善への秩序」として位置づけられる。

共同体が共同体として成立するためには、そこに、「共通の幸福への秩序づけ」が、本来見いだされなければならない。ペルソナである人間が、「神を認識し、愛することによって究極目的へと到達する」ということは[21]、その認識と愛に関するかぎり、あくまで個別的なはたらきである。しかし、「部分はすべて全体へと、不完全なものが完全なものに対するように秩序づけられ」るかぎり、かかる個別的なはたらきがより完全なものとなるためには、「共同善への秩序づけ」が求められる。究極目的である神への運動は、共同善である神への運動として、現実的に展開される。そのため、「法は、本来、共通の幸福への秩序づけにかかわることは必然」であり、「それゆえ、すべての法は、共同善へと秩序づけられている」わけである。

第五節　神的共同体における能動と受動――道としてのキリスト

かくして、「部分はすべて全体へと、不完全なものが完全なものに対するように秩序づけられ」るという受動性が、究極目的への運動、そして共同善への運動における能動性の前提になっている。じっさい、「全体が属する共同善とは神自身であり、神のうちにすべての者の至福は成立している」のであるから[22]、人間の神への運動は、究極目的への運動から共同善への運動という仕方で展開されることになる。

しかるに、かかる神への運動は、「人間であるかぎり、我々にとって神へと向かう道であるキリスト[23]」のもとに成立している。じっさい、この運動は、「神へと向かう道」において展開されなければならない。そして、そこに「受動性を前提にした能動性」が根源的な仕方で認められよう。

そもそも、人間であるかぎりのキリストとは、どのように解されうるのであろうか。「隷属と主権の関係は、能動と受動にもとづいて確立される」が、「あるヒュポスタシスやペルソナが、この、ないし、あの本性にそくして、主もしくは僕であると本来的な仕方で言われうる」かぎりにおいて、「キリストが、人間本性にそくして、御父に従属している、ないし僕であると言うことは何の妨げもない[24]」。

人間であるかぎりのキリストとは、キリストにおける人間本性にほかならない。では、隷属と受動の側に立つ僕として位置づけられるところの、キリストの人間本性が、なぜ「我々にとって神へと向かう道」なのであろうか。アクィナスは、『神学大全』第三部第一八問題第一項で、キリストにおける人間本性は、神性（divinitas）の道具であったから、その固有な意志によってではなく神的意志によって動かされるという異論に対して、[25]「根源的能動者（agens principale）によって動かされることが道具に固有であるが、しかし、道具の本性の固有性（proprietas）にそくして、さまざまな仕方で動かされ」、「理性的な魂によって生ける道具（instrumentum animatum anima rationali）は、主の命令を通じて僕が何かを為すために動かされるように、自らの意志によって動かされる」のであり、「そしてこのような仕方で、キリストにおける人間本性は、固有な意志によって動かされるかぎり、神性の道具だった」と解答している。[26]

僕が主の命令によって動かされる場合、両者の関係は、一つの行為の「能動と受動」を意味している。そして、そのような「能動と受動」は、「根源的能動者によって動かされることが道具に固有」であるから、まさに、「根源的能動者と道具」の関係として捉えられる。このかぎりにおいて、僕は「生ける道具」として位置づけられる。

しかるに、道具の動かされ方は、道具の有する「本性の固有性にそくして、さまざまな仕方で」あり、「理性的な魂によって生ける道具」である僕は、「自らの意志によって動かされる」。じっさい、僕は、人間であるかぎり、「理性と意志によって自らのはたらきの主である」から、僕が道具として動かされるためには、僕が自らの主権にもとづいて自らを主の命令へと、その命令にもとづいて何かを為すように動かさなければならない。

かくして、「人間であるかぎりのキリスト」であるところの、「キリストにおける人間本性は、固有な意志によって動かされるかぎり、神性の道具だった」と結論される。そして、「固有な意志によって動かされる」という点に、「我々にとって神へと向かう道」が開かれているのである。

たしかに、人間は自らのはたらきの主である。人間であるかぎりのキリストも、自らのはたらきに関して何らかの主権を有している。そうでなければ、「固有な意志によって動かされる」ということが成立しないであろう。しかるに、かかる主権は、いわば「僕としての主」であるところの主権であると考えられる。人間としてのキリストは、僕に徹することにより、神へと向かう道となるのではないだろうか。

人間が自らの行動の権力と根源として有するところの「能動性」は、何らかの「受動性」にもとづいて成立している。この受動性は、「似姿としての主」という点において明らかなように、範型である神に対する受動性にほかならない。そして、ちょうど「理性的な魂によって生ける道具」である僕が、「自らの意志によって動かされる」ことから、「主の命令を通じて」、「何かを為すために動かされる」ように、人間も、「何かを為すために動かされる」という受動性が、「自らの意志によって動かす」という能動性を可能にしている。

したがって、神的共同体における人間のあり方は、本来、いわば「僕としての主」という仕方で捉えられることになる。主としての主権は、「人間が自分自身によって動かされる」という受動性を前提にしている。そして、このような能動と受動の関係の根源に、「キリストにおける人間本性は、固有な意志によって動かされるかぎり、神性の道具だった」という真理が見いだされる。キリストが、「人間であるかぎり、我々にとって神へと向かう道」であるということは、この真理にそくして理解されなければならない。

註

（1）*S.T.*I–II, prologus. 第一部第二章註（2）参照。
（2）*S.T.*I–II, q.1, a.1, c. 第一部第一章註（3）参照。
（3）*In X Metaphys.*, l.8, n.2094. 第一部第三章註（10）参照。
（4）*S.T.*III, q.20, a.1, ad 2. 第一部第三章註（13）参照。
（5）*S.T.*I–II, q.1, a.3, c. 第一部第三章註（15）参照。
（6）*S.T.*I, q.93, a.4, c. 第一部第二章註（14）参照。
（7）註（6）参照。
（8）*S.T.*I–II, q.21, a.4, ad 3. 序註（3）参照。
（9）註（6）参照。
（10）*De Perf.* Vitae Spirit. c.13, n.634. 序註（6）参照。
（11）*S.T.*I, q.29, a.1, c. 第一部第二章註（17）参照。
（12）註（5）参照。
（13）*S.T.*II–II, q.58, a.9, ad 3. bonum commune est finis singularum personarum in communitate existentium, sicut bonum totius finis est cuiuslibet partium. Bonum autem unius personae singularis non est finis alterius. Et ideo iustitia legalis, quae ordinatur ad bonum commune, magis se potest extendere ad interiores passiones quibus homo aliqualiter disponitur in seipso, quam iustitia particularis, quae ordinatur ad bonum alterius singularis personae. Quamvis iustitia legalis principalius se extendat ad alias virtutes quantum ad exteriores operationes earum: inquantum scilicet praecipit lex fortis opera facere, et quae temperati, et quae mansueti, ut dicitur in V *Ethic.* なお、このテキストの最初の一文のみ、その翻訳が、佐々木二〇〇八、四二頁に掲載されている。
（14）*S.T.*II–II, q.58, a.5, c. 序註（7）参照。
（15）註（14）参照。

（16）S. *T.* I-II, q.90, a.2, c. Primum autem principium in operativis, quorum est ratio practica, est finis ultimus. Est autem ultimus finis humanae vitae felicitas vel beatitudo, ut supra habitum est（q.2, a.8; q.3, a.1; q.69, a.1). Unde oportet quod lex maxime respiciat ordinem qui est in beatitudinem. — Rursus, cum omnis pars ordinetur ad totum sicut imperfectum ad perfectum; unus autem homo est pars communitatis perfectae: necesse est quod lex proprie respiciat ordinem ad felicitatem communem.... Unde oportet quod, cum lex maxime dicatur secundum ordinem ad bonum commune, quodcumque aliud praeceptum de particulari opere non habeat rationem legis nisi secundum ordinem ad bonum commune. Et ideo omnis lex ad bonum commune ordinatur. 佐々木 二〇〇八、五八―五九。

（17）S. *T.* I-II, q.91, a.1, c. 第一部第一章註（8）参照。

（18）S. *T.* I, q.82, a.1, c. Similiter etiam nec necessitas naturalis repugnat voluntati. Quinimmo necesse est quod, sicut intellectus ex necessitate inhaeret primis principiis, ita voluntas ex necessitate inhaereat ultimo fini, qui est beatitudo. 佐々木 二〇〇五、一〇九頁、佐々木 二〇〇八、一九頁。じっさい、至福者は悪を意志することはできないが、意志するものすべてを自由に意志している（Stump 2002, p.288）。

（19）註（2）参照。

（20）註（5）参照。

（21）S. *T.* I-II, q.1, a.8, c. 第一部第二章註（16）参照。

（22）註（10）参照。

（23）S. *T.* I, q.2, intro. 第一部第一章註（7）参照。

（24）註（4）参照。

（25）S. *T.* III, q.18, a.1, ag.2. instrumentum non movetur propria voluntate, sed voluntate moventis. Sed natura humana in Christo fuit instrumentum divinitatis eius. Ergo natura humana in Christo non movebatur propria voluntate, sed divina. 佐々木 二〇〇五、七〇頁。

（26）S. *T.* III, q.18, a.1, ad 2. proprium est instrumenti quod moveatur a principali agente: diversimode tamen, secundum proprietatem naturae ipsius.... Instrumentum vero animatum anima rationali movetur per voluntatem eius, sicut per imperium domini movetur servus ad aliquid agendum: qui quidem servus est sicut instrumentum animatum, ut Philosophus dicit, in I *Polit.* Sic ergo natura humana in Christo fuit instrumentum divinitatis ut moveretur per propriam voluntatem.　佐々木 二〇〇五、七〇頁。

第二章　永遠法と自然法

第一節　永遠法の分有――神的な光の刻印

さて、前章では、「能動と受動」という観点から、神的共同体における「神への運動」の特質を明らかにしようとした。しかるに、かかる「受動性を前提にした能動性」という観点は、永遠法との関係から自然法を理解するために、非常に重要であると考えられる。

では、まず、そもそも自然法とは何を意味しているのであろうか。アクィナスは、「法の多様性」について扱っている『神学大全』二―一部第九一問題の第二項で「我々のうちに何らかの自然法は存するか」を論じており、その主文で次のように言っている。

先に言われたように、法は、「規則（regula）」であり「基準（mensura）」であることから、二通りの仕方である者のうちに存することができる。一つには、規則を課する者、そして基準を与える者においてであり、もう一つは規則を課せられる者、そして基準を与えられる者においてである。なぜなら、規則ないし基準に関して何かを分有するかぎりにおいて、そのように規則が課せられたり、基準が与えられたりするからである。それゆえ、先に言われたことから明らかなように、神の摂理に服しているところのものはすべて、永遠法によって規則が課せられ、基準が与えられているのであるから、すべてのものは、永遠法の「刻印（impressio）」にもとづいて固有なはたらきと目的への「傾き（inclinatio）」を有するかぎり、何らかの仕方で永遠法を分有していることは明らかである。しかるに、ほかのものの中で理性的被造物は、摂理に「与る者（particeps）」となり、自己自身とほかのものを配慮するかぎり、何らかのより卓越的な仕方で神の摂理に服属している。それゆえ、理性的被造物自身においては、それによってしかるべきはたらきと目的への自然本性的な傾きを有するところの、永遠なる理念が分有されている。そして、理性的被造物における永遠法のかかる「分有（participatio）」が、「自然法」と言われる。（中略）それによって我々が、何が善であり悪であるかを判別するところの、いわば自然本性的な理性の「光（lumen）」が自然法に属しているのであり、自然法とは我々における神的な光の刻印にほかならない[1]。

「法とは、ある完全な共同体を統宰する統治者における、実践理性の何らかの命令にほかならない」が、「世界が神的な摂理によって支配されていることを認めるならば、宇宙の共同体全体が神的な理念によって統宰されているということは明らか」であるから、「神において宇宙の統治者におけるように存するところの、諸事物の統宰理念そのものは、法としての性格を有して」おり、「このような法は永遠的と呼ばれなければならない[2]」。すべてのものは、神の摂理によって支配されている。そして、そのように支配され、統宰されているかぎりにおいて、何らかの仕方で永遠法のもとに存している。すなわち、「すべてのものは、永遠法の刻印にもとづいて固有なはたらきと目的への傾きを有するかぎり、何らかの仕方で永遠法を分有している」のである。

しかるに、理性を有するか否かで、その分有のあり方が大きく異なる。理性的な存在は、自らの理性的な本性にそくして、神の似姿であり、自らのはたらきの主である。理性的被造物は、このような主権を有する者として神から統宰されているのであり、「理性的被造物は、摂理に与る者となり、自己自身とほかのものを配慮するかぎり、何らかのより卓越的な仕方で神の摂理に服属している」。

それゆえ、理性を有する者はより卓越した仕方で永遠法に服していることになる。さらに、「法は、規則であり基準であることから」、理性的被造物における永遠法の分有は、宇宙の統宰者である神によって与えられる規則ないし基準という仕方で捉えられ、「理性的被造物自身においては、それによってしかるべきはたらきと目的への自然本性的な傾きを有するところの、永遠なる理念が分有されている」。そして、かかる分有が「自然法」として位置づけられる。それは、「神的な光の刻印」であり、その「自然本性的な理性の光」によって、「我々が、何が善であり悪であるかを判別する」ことが可能になるのである。

第二節　認識と傾き——理性的本性と永遠法

ところで、先の引用において、「法は、規則であり基準であることから」、「規則を課する者、そして基準を与える者において」と「規則を課せられる者、そして基準を与えられる者において」の「二通りの仕方である者のうちに存することができる」という個所は、非常に重要な内容を含んでいる。

まず、永遠法とは「神において宇宙の統治者におけるように存するところの、諸事物の統宰理念そのもの」であるから、この場合、永遠法は「規則を課する者、そして基準を与える者において」という仕方で神のうちに存している。これに対して、「すべてのものは、永遠法の刻印にもとづいて固有なはたらきと目的への傾きを有するかぎり、何らかの仕方で永遠法を分有している」ことから、永遠法は「規則を課せられる者、そして基準を与えられる者において」という仕方で全被造物のうちに存している。

しかるに、永遠法をめぐるかかる神と被造物との関係は、「規則を課す・課される」、「基準を与える・与えられる」という関係であり、まさに「能動と受動」として捉えられる。神はまさに「規則を課する者、そして基準を与える者」として、絶対的な能動の側にある。そして、「神の節理に服しているところのものはすべて、永遠法によって規則が課せられ、基準が与えられている」。かかる受動性にもとづいて自然法は成立している。じっさい、自然法とは「理性的被造物自身においては、それによってしかるべきはたらきと目的への自然本性的な傾きを有するところの、永遠なる理念が分有されている」という受動にもとづくところの「理性的被造物における永遠法のかかる分有」である。自然法を通じて、人間は「規則を課せられる者、そして基準を与えられる者」となる。「神的な光の刻印」としての自然法は、「受動性を前提にした能動性」のもとに人間を導くわけである。

さらに、永遠法のもとにあるということ自体が、「能動と受動」にそくして解されうる。アクィナスは、「永遠法」について論じている『神学大全』二―一部第九三問題の、第六項で、「人間的なことがらはすべて永遠法のもとにあるか」を問題にしており、その主文で次のように言っている。

先に言われたことから明らかなように、それによって何かが永遠法に服する仕方には二通りがある。一つには、「認識」という仕方で永遠法が分有されるかぎりにおいてであり、もう一つには、動的な根源が分有されるかぎりにおける、「能動と受動」という仕方によってである。そして、先に言われたように、この第二の仕方で、非理性的被造物は永遠法に服している。しかし、理性的本性は、それによってすべての被造物と共通であるものを持つとともに、理性的であるかぎり何か自らに固有なものを有しているから、両方の仕方で永遠法に服している。なぜなら、先に言われたように、永遠法の「観念（notio）」を何らかの仕方で有しているからである。

そしてさらに、おのおのの理性的被造物には、「永遠法に調和するところのもの」へと向かう「自然本性的傾き」が内在している。じっさい、『倫理学』第二巻で言われているように、我々は生まれつき徳を持つべくできている。しかし、悪しき人々においては、たしかに両方の仕方とも不完全であり、いわば腐敗している。彼らにおいては、徳への自然本性的な傾きが邪悪な「習慣（habitus）」によってゆがめられており、他方では善に関する自然本性的な認識そのものも、彼らにおいて、「情念」や「罪」の習慣によって暗くされている。これに対して、善い人々においては、両方の仕方ともより完全なものとして見いだされる。なぜなら、善に関する自然本性的な認識のうえに、彼らには「信仰（fides）」と「知恵（sapientia）」による認識が付加され、また、善への自然本性的な傾きのうえに、彼らには「恩恵」と「徳」という内的な「動かす力（motivum）」が付加されているからである。したがって、善い人々は、つねに永遠法にそくして行為する者のように、完全な仕方で永遠法のもとにある。これに対して、悪しき人々は、不完全な仕方で善を認識し、不完全な仕方で善へと傾かされるように、たしかに永遠法のもとにあるが、それは彼ら自身の行為に関するかぎり不完全な仕方である。しかるに、能動の側から欠けているかぎり、受動の側から補われるのであり、彼らは永遠法に適合するところのものを為すことが欠けているかぎり、永遠法が彼らに関して教え示しているところを蒙っているわけである(3)。

永遠法は万物の統宰理念であるから、すべてのものは永遠法のもとにある。しかし、その服属の仕方には、自らが動かすところの根源を永遠法から受け取るという意味での「能動と受動」にもとづく様態と、「認識」を通じて永遠法が分有されるという様態の二通りがある。そして、すべての被造物は、その存在や運動の根源を神から原因づけられている以上、能動と受動という仕方で永遠法に服している。これに対して、理性的本性を有する者は、理性的な認識が可能であるから、かかる「認識という仕方」によっても永遠法に服することができる。それは、「永遠法の観念を何らかの仕方で有しているから」である。

したがって、「理性的本性は、それによってすべての被造物と共通であるものを持つとともに、理性的であるかぎり何か自らに固有なものを有しているから、両方の仕方で永遠法に服している」。じっさい、「永遠法に調和するところのものへと向かう自然本性的傾きが内在して」おり、そのため、「我々は生まれつき徳を持つべくできている」とさえ言われるのである。

第三節　永遠法への傾き——永遠法における能動と受動

「それによって何かが永遠法に服する仕方には」、「認識という仕方で永遠法が分有されるかぎりにおいて」と「動的な根源が分有されるかぎりにおける、能動と受動という仕方」の二通りがある。そして、引用の後半部分から明らかなように、人間の場合、前者は「善に関する自然本性的な認識そのもの」を、後者は「善への自然本性的な傾き」を意味している。これに対して、非理性的存在は、後者の自然本性的な傾きのみで永遠法に服することになる。理性を欠いたもののはたらきは、自然本性的な傾きによって確定されるのである。

じっさい、「理性的被造物自身においては、それによってしかるべきはたらきと目的への自然本性的な傾きを有するところの、永遠なる理念が分有されている」ということは、「善への自然本性的な傾き」に通じるであろうし、「それによって我々が、何が善であり悪であるかを判別するところの、いわば自然本性的な理性の光が自然法に属している」という点は、「善に関する自然本性的な認識そのもの」に通じるであろう。

その一方、「おのおのの理性的被造物には、永遠法に調和するところのものへと向かう自然本性的傾きが内在して」おり、「我々は生まれつき徳を持つべくできている」としても、しかしながら、人間が現実的な仕方で徳を有するか否かは、また別の問題である。なぜなら、「人間による善きないし悪しき行為すべては、行為の性格そのものにもとづいて、神のまえにおいて、功徳や罪業という性格を有する」からである。(4)

たしかに、「善い人々においては」、「善に関する自然本性的な認識のうえに、彼らには信仰と知恵による認識が付加され、また、善への自然本性的な傾きのうえに、彼らには恩恵と徳という内的な動かす力が付加されている」という仕方で、「両方の仕方ともより完全なものとして見いだされる」。そのため、「つねに永遠法にそくして行為する者のように、完全な仕方で永遠法のもとにある」。そのかぎりにおいて、「恩恵の相似性による似姿」、そしてさらに「栄光の類似性にもとづく似姿」へと、(5)すなわち、より完全な仕方で範型である神を表現する似姿へと開かれているのである。

これに対して、「悪しき人々においては」、「徳への自然本性的な傾きが邪悪な習慣によってゆがめられており、他方では善に関する自然本性的な認識そのものも、彼らにおいて、情念や罪の習慣によって暗くされている」という仕方で、「両方の仕方とも不完全であり、いわば腐敗している」。その結果、「不完全な仕方で善を認識し、不完全な仕方で善へと傾かされるように、たしかに永遠法のもとにあるが、それは彼ら自身の行為に関するかぎり不完全な仕方である」。

すなわち、悪しき人々は、不完全な仕方で永遠法のもとにあるという仕方で、永遠法に服しているわけである。そのため、「能動の側から欠けているかぎり、受動の側から補われるのであり、彼らは永遠法に適合するところのものを為すことが欠けているかぎり、永遠法が彼らに関して教え示しているところを蒙っている」ということになる。自らのはたらきの主として為された「悪しき行為」という「能動性」における欠陥が、永遠法で定められている何らかの「受動性」を引きおこすのである。

しかるに、悪しき人々が、不完全な仕方で行為するという「能動」にもとづいて、不完全な仕方で永遠法へと秩序づけられるという「受動」を帰結するということさえも、永遠法のもとにあると言わなければならない。アクィナスは、先の主文と同じ個所で、「肉の思いに従う者は、神に敵対しており、神の律法に従っていないからです。従いえないのです」（ロマ八・七）を根拠に、「すべての人間が神の法である永遠法のもとにあるわけではない」という異論に対して[6]、次のように答えている。

「肉（caro）」の「思慮（prudentia）」は、能動の側面からは、神の法のもとに服することはできない。なぜなら、神の法とは対立する行為へと傾かせるからである。これに対して、受動の側面からは、神の法のもとにある。というのは、神的正義の法にそくして、「罰（poena）」を蒙るに値するからである。しかし、それにもかかわらず、いかなる人間においても自然本性の善全体が破壊されるほど、肉の思慮が支配しているのではない。それゆえ、人間には永遠法に属するところのものを為すことへの傾きが残っている。じっさい、先に述べられたように、罪は自然本性の善全体を取りさってしまうわけではない[7]。

人間は、「永遠法の観念を何らかの仕方で有して」おり、そこには「永遠法に調和するところのものへと向かう自然本性的傾きが内在している」。したがって、「能動の側面から」、「神の法のもとに服する」ということは、「永遠法に属するところのものを為す」かぎりにおいてであると言えよう。これに対して、「神の法とは対立する行為へと傾かせる」ものやかかる行為自体は、「能動の側面からは、神の法のもとに服することはできない」。なぜなら、行為の能動性そのものが、永遠法に調和していないからである。

かくして、悪しき人々は、「神的正義の法にそくして、罰を蒙るに値する」という仕方で、「永遠法に適合するところのものを為すことが欠けているかぎり、永遠法が彼らに関して教え示しているところを蒙っている」ということになる。しかし、彼らは人間であるかぎり、神を範型とする似姿であり、自らのはたらきの主としてのペルソナである。それゆえ、いかなる状況に陥ったとしても、「自然本性の善全体が破壊される」ことはなく、「人間には永遠法に属するところのものを為すことへの傾きが残っている」。

すなわち、「能動の側から欠けている」としても、その能動性は、すべては神へと秩序づけられているという絶対的な受動性を前提にしているのであるから、「永遠法に属するところのものを為す」という可能性は現実的な仕方で残されている。その意味でも、「人間には天使よりも、至福に値するにいたるためのより長い道が与えられている」のである(8)。

第四節　神の摂理と人間的行為——自然法の可能性

さて、「神の摂理に服しているところのものはすべて、永遠法によって規則が課せられ、基準が与えられている」かぎりにおいて、すべては永遠法のもとにあるということになる。では、この場合の「摂理」とは、そもそも何を意味しているのであろうか。アクィナスによると、「諸事物を目的へと秩序づける理念そのものが、神において、摂理と名づけられる(9)」。すなわち、それによって、すべての存在を目的へと秩序づける神的な理念が摂理であり、「神において宇宙の統治者におけるように存するところの、諸事物の統宰理念そのもの」である永遠法のもと、すべては神的な摂理によって支配されている。

では、「理性的被造物は、摂理に与る者となり、自己自身とほかのものを配慮するかぎり、何らかのより卓越的な仕方で神の摂理に服属している」ということは、どのようなことを意味しているのであろうか。アクィナスは、摂理について論じている『神学大全』第一部第二二問題第二項で「すべては神の摂理のもとに置かれているか」を論じており、その異論解答で次のように言っている。

先に言われたように、理性的被造物は自由意思によって自らのはたらきの主権を有するから、何らかの特別な仕方で神の摂理に服している。すなわち、かかる被造物には、何かが「罪科（culpa）」ないし「功徳」へと帰せられ、また、「罰」ないし「報い（praemium）」として何かが与えられる。(10)

諸事物を目的へと秩序づける理念そのものが、神において、摂理と名づけられるが、理性の有無によって、摂理への服属の仕方は異なっており、人間は、あくまで自らのはたらきの主として、「何らかの特別な仕方で神の摂理に服している」。そのため、「人間による善きないし悪しき行為すべては、行為の性格そのものにもとづいて、神のまえにおいて、功徳や罪業という性格を有する」ことになる。すなわち、人間には「何かが罪科ないし功徳へと帰せられ、また、罰ないし報いとして何かが与えられる」。罪科が帰せられる場合は罰が、功徳が帰せられる場合は報いが、それぞれ人間に与えられるのである。

たしかに、「意志は、必然にもとづいて至福である究極目的に密着していなければならない」(11)。しかし、この「必然性」から、人間的行為の必然性が帰結されるわけではない。じっさい、「人間が選択するのは必然にもとづいてか、それとも自由な仕方で（libere）か」を論じている『神学大全』第二―一部第一三問題第六項の主文で、アクィナスは次のように言っている。

至福であるところの、完全な善だけは、理性はこれを悪の、あるいは何らかの「欠陥（defectus）」という性格のもとに捉えることはできない。それゆえ、必然にもとづいて人間は至福を欲しているのであって、「至福者」ではないことや「悲惨なる者（miser）」であることを欲することはできない。しかるに、すでに言われたように、「選択」は、目的ではなく「目的へのてだて（ea quae sunt ad finem）」にかかわるから、至福であるところの完全な善にではなく、ほかの特殊的な善にかかわる。それゆえ、人間は必然にもとづいてではなく、自由な仕方で選択するのである。[12]

至福である究極目的への必然的欲求は、意志のはたらきそのものの根源である。同様に、認識能力である理性にとっても、「至福であるところの、完全な善」に関しては、「これを悪の、あるいは何らかの欠陥という性格のもとに捉えることはできない」。至福への欲求は人間にとって必然的であって、「至福者ではないことや悲惨なる者であることを欲する」ということは原理的にありえないのである。したがって、このような至福への欲求という点では、そこに選択の自由は成立しないことになる。

しかるに、選択は、厳密には目的そのものではなく、目的にいたるための手段である目的へのてだてにかかわっている。それゆえ、「至福であるところの、完全な善」は選択の対象にならないが、それ以外の場合には、自由なる選択にもとづいて人間的行為が展開される。「人間は必然にもとづいてではなく自由な仕方で選択する」からである。

たしかに、認識と欲求の不完全性から、「不完全な仕方で善を認識し、不完全な仕方で善へと傾かされる」という可能性は非常に現実的である。しかし、そのような場合においても、「人間には永遠法に属するところのものを為すことへの傾きが残っている」。超自然本性的な完全性への傾きという点に自然法の可能性が成立しており、そこに人間の実存がかかっているのである。

じっさい、人間には「それによってしかるべきはたらきと目的への自然本性的な傾きを有するところの、永遠なる理念が分有されている」ということは、人間的行為の前提であるとしても、このことから「しかるべき目的へと行為すること」がかならずしも帰結されるわけではない。「人間による善きないし悪しき行為すべては」、自らのはたらきの主としての主権のもとに為される。人間は、そのような主権を有する者として、神の摂理に服しているのである。

第五節　永遠法と自然法――自然法における能動と受動

さて、「法とは、ある完全な共同体を統宰する統治者における、実践理性の何らかの命令にほかならない」。したがって、法とは、共同体を統宰する統治者と、その共同体の部分である「個別的な個々のペルソナ」とのあいだで成立する秩序づけということになる。この点、アクィナスは、「法の効果（effectus）は人間を善き者となさしめることであるか」を論じている『神学大全』第二－一部第九二問題第一項の主文で、次のように言っている。

おのおのの法がそれへと秩序づけられることとは、「従属する者たち（subditi）」によって法が遵守されるということである。それゆえ、従属する者たちをそれぞれに固有な徳へと導くことが法に固有であることは明らかである。したがって、徳とはそれを有する者を善き者となさしめるということであるから、法の固有な効果とは、法が与えられるところの人々が、「端的な仕方で（simpliciter）」、あるいは「何らかの意味で（secundum quid）」、善い人々となさしめることであると帰結する。(13)

法とは、共同体を統宰する統治者による命令である以上、命令する者と命令される人々との関係から成立している。そのため、「おのおのの法がそれへと秩序づけられることは、従属する者たちによって法が遵守されるということ」となる。もし、従属する人間が法に従わないのであれば、そこには法としての秩序が成立していない。そして、「すべての法は、共同善へと秩序づけられている」[14]。さらに、法は「すべての徳のはたらきを共同善へと秩序づける」[15]。したがって、かかる共同善への秩序づけにそくして、「従属する者たちがそれぞれに固有な徳へと導くことが法に固有であることは明らかである」。それゆえ、「固有な徳へと導くこと」は、「善き者となさしめる」ことであるから、「法の固有な効果とは、法が与えられるところの人々が、端的な仕方で、あるいは何らかの意味で、善い人々となさしめることである」ということになる。

ところで、「規則を課する者、そして基準を与える者」が統治者であり、「規則を課せられる者、そして基準を与えられる者」が従属する者たちである。じっさい、永遠法と自然法の関係は、能動と受動の構造にそくして理解することができよう。自らのはたらきの主としての「主権」も、そして、神の似姿としての「表現」も、「受動性を前提にした能動性」において成立している。

しかるに、自然法という観点から考えるならば、「摂理に与る者となり、自己自身とほかのものを配慮するかぎり」、人間はみな、何らかの仕方で「規則を課する者、そして基準を与える者」の側に立つことになる。そして、その能動性が、永遠法にもとづくさらなる受動性へと関連づけられうる。

すなわち、人間は「永遠法の観念を何らかの仕方で有して」おり、「永遠法に調和するところのものへと向かう自然本性的傾きが内在している」ことから、自然法を通じて、自らが「規則を課する者、そして基準を与える者」であると同時に、永遠法が分有されているかぎりにおいて、「規則を課せられる者、そして基準を与えられる者」として位置づけられることになる。人間が神との関係において有することができる能動性とは、「受動性を前提にした能動性」にほかならない。自然法は、「従属する者たちをそれぞれに固有な徳へと導く」という仕方で、人間を固有な善へと導くところの、「我々における神的な光の刻印」なのである。

註

（1）*S. T.* I-II, q.91, a.2, c. sicut supra（q.90, a.1, ad 1）dictum est, lex, cum sit regula et mensura, dupliciter potest esse in aliquo: uno modo, sicut in regulante et mensurante; alio modo, sicut in regulato et mensurato, quia inquantum participat aliquid de regula vel mensura, sic regulatur vel mensuratur. Unde cum omnia quae divinae providentiae subduntur, a lege aeterna regulentur et mensurentur, ut ex dictis（q.91, a.1）patet; manifestum est quod omnia participant aliqualiter legem aeternam, inquantum scilicet ex impressione eius habent inclinationes in proprios actus et fines. Inter cetera autem, rationalis creatura excellentiori quodam modo divinae providentiae subiacet, inquantum et ipsa fit providentiae particeps, sibi ipsi et aliis providens. Unde et in ipsa participatur ratio aeterna, per quam habet naturalem inclinationem ad debitum actum et finem. Et talis participatio legis aeternae in rationali creatura lex naturalis dicitur... quasi lumen rationis naturalis, quo discernimus quid sit bonum et malum, quod pertinet ad naturalem legem, nihil aliud sit quam impressio divini luminis in nobis. このテキストの一部（中段部分）は、その翻訳が佐々木 二〇〇五、一四四頁と佐々木 二〇〇八、九六頁に掲載されている。さて、ここから明らかなように、永遠法と自然法は別々の法ではなく、むしろ一つの法として捉えられよう（Hittinger 2004, p.266）。したがって、自然法を神の存在から切りはなして理解しようとする立場（Lisska 1996, p.120）は、アクィナスにそくしていないと考えられる。また、傾きに関しては受動的な仕方で、理性的存在としては能動的な仕方で人間が永遠法に関与しているというメイの指摘は重要で

ある（May 2004, p.119）。もっとも、かかる神的な照明は、この世において、間接的で媒介的な仕方にすぎない（Kerr 2002b, p.14）。

（2）*S.T.*I-II, q.91, a.1, c. 第Ⅰ部第Ⅰ章註（8）参照。

（3）*S.T.*I-II, q.93, a.6, c. duplex est modus quo aliquid subditur legi aeternae, ut ex supradictis patet（q.93, a.5）: uno modo, inquantum participatur lex aeterna per modum cognitionis; alio modo, per modum actionis et passionis, inquantum participatur per modum principii motivi. Et hoc secundo modo subduntur legi aeternae irrationales creaturae, ut dictum est（q.93, a.5）. Sed quia rationalis natura, cum eo quod est commune omnibus creaturis, habet aliquid sibi proprium inquantum est rationalis, ideo secundum utrumque modum legi aeternae subditur: quia et notionem legis aeternae aliquo modo habet, ut supra dictum est（q.93, a.2）; et iterum unicuique rationali creaturae inest naturalis inclinatio ad id quod est consonum legi aeternae; sumus enim innati ad habendum virtutes, ut dicitur in II *Ethic.* Uterque tamen modus imperfectus quidem est, et quodammodo corruptus, in malis; in quibus et inclinatio naturalis ad virtutem depravatur per habitum vitiosum; et iterum ipsa naturalis cognitio boni in eis obtenebratur per passiones et habitus peccatorum. In bonis autem uterque modus invenitur perfectior: quia et supra cognitionem naturalem boni, superadditur eis cognitio fidei et sapientiae; et supra naturalem inclinationem ad bonum, superadditur eis interius motivum gratiae et virtutis. Sic igitur boni perfecte subsunt legi aeternae, tanquam semper secundum eam agentes. Mali autem subsunt quidem legi aeternae, imperfecte quidem quantum ad actiones ipsorum, prout imperfecte cognoscunt et imperfecte inclinantur ad bonum: sed quantum deficit ex parte actionis, suppletur ex parte passionis, prout scilicet intantum patiuntur quod lex aeterna dictat de eis, inquantum deficiunt facere quod legi aeternae convenit. このテキストの前半の一部が佐々木二〇〇五、一四一―一四二頁に、また、中段の一文が佐々木二〇〇八、九八頁に、それぞれ翻訳が掲載されている。ところで、自然法との関連から、実践理性を通じて、我々は我々自身の行為に関する神の統宰に能動的な仕方でかかわっているという点は重要であろう（Long 2004, p.166）。

（4）*S.T.*I-II, q.21, a.4, ad 3. 序註（3）参照。

（５）*S.T.*I, q.93, a.4, c.　第一部第二章註（14）参照。

（６）*S.T.*I-II, q.93, a.6, ag 2. Apostolus dicit, *ad Rom.* 8, [7]: Prudentia carnis inimica est Deo: legi enim Dei subiecta non est. Sed multi homines sunt in quibus prudentia carnis dominatur. Ergo legi aeternae, quae est lex Dei, non subiiciuntur omnes homines.

（７）*S.T.*I-II, q.93, a.6, ad 2. prudentia carnis non potest subiici legi Dei ex parte actionis: quia inclinat ad actiones contrarias legi Dei. Subiicitur tamen legi Dei ex parte passionis: quia meretur pati poenam secundum legem divinae iustitiae. —Nihilominus tamen in nullo homine ita prudentia carnis dominatur, quod totum bonum naturae corrumpatur. Et ideo remanet in homine inclinatio ad agendum ea quae sunt legis aeternae. Habitum est enim supra（q.85, a.2）quod peccatum non tollit totum bonum naturae.

（８）*S.T.*I, q.62, a.5, ad 1.　第一部第二章註（６）参照。

（９）*S.T.*I, q.22, a.1, c. Ipsa igitur ratio ordinis rerum in finem, providentia in Deo nominatur.

（10）*S.T.*I, q.22, a.2, ad 5. quia creatura rationalis habet per liberum arbitrium dominium sui actus, ut dictum est（ad 4; q.19, a.10), speciali quodam modo subditur divinae providentiae; ut scilicet ei imputetur aliquid ad culpam vel ad meritum, et reddatur ei aliquid ut poena vel praemium.　なお、神こそが人間の自由意思の原因であるから（Hall 1994, pp.24-25）、自由意思の存在によって、我々は物質的世界での決定論から免れている（McCabe 2010, p.120）。

（11）*S.T.*I, q.82, a.1, c.　第二部第一章註（18）参照。

（12）*S.T.*I-II, q.13, a.6, c. Solum autem perfectum bonum, quod est beatitudo, non potest ratio apprehendere sub ratione mali, aut alicuius defectus. Et ideo ex necessitate beatitudinem homo vult, nec potest velle non esse beatus, aut miser. Electio autem, cum non sit de fine, sed de his quae sunt ad finem, ut iam（a.3）dictum est; non est perfecti boni, quod est beatitude, sed aliorum particularium bonorum. Et ideo homo non ex necessitate, sed libere eligit. ここから明らかなように、アクィナスは意志を中立的なものとは捉えていない（Stump 1999, p.30）。

（13）*S.T.*I-II, q.92, a.1, c. Ad hoc autem ordinatur unaquaeque lex, ut obediatur ei a subditis. Unde manifestum est quod hoc sit proprium legis, inducere subiectos ad propriam ipsorum virtutem. Cum igitur virtus sit quae bonum facit habentem, sequitur quod proprius effectus legis sit bonos facere eos quibus datur, vel simpliciter vel secundum quid.

（14）*S.T.*I-II, q.90, a.2, c.　第二部第一章註（16）参照。じっさい、すべての人間的行為に究極目的の認識が含まれているということから、自然法はすべての時代のすべての人間によって有効であるとアクィナスは確信することができたのである（McInerny 1982, p.47）。

（15）*S.T.*II-II, q.58, a.5, c.　序註（7）参照。

第三章　神的共同体と自然法

第一節　実践理性と思弁的理性——存在と非存在

では、そもそも「自然法」とは、いかなる法を意味しているのであろうか。「法とは、ある完全な共同体を統宰する統治者における、実践理性の何らかの命令にほかならない」[1]。したがって、「実践理性」が自然法の性格を決定していると考えられる。アクィナスは、「自然法は複数の規定（praeceptum）を含むか、それともただ一つだけか」を論じている、『神学大全』第二－一部第九四問題第二項の主文で、次のように言っている。

自然法の規定は、「論証の第一原理（principia prima demonstrationum）」が「思弁的理性（ratio speculativa）」に対するような仕方で、「実践理性」に関係づけられている。なぜなら、両方とも自体的な仕方で知られる諸原理だからである。（中略）しかるに、万人の「把捉（apprehensio）」に入ることがらにおいては、何らかの秩序が見いだされる。じっさい、第一の把捉に入るものとは「有（ens）」であり、この有に関する「知的洞察（intellectus）」が把捉するところのすべてに含まれている。それゆえ、「第一の論証不可能な原理（primum principium indemonstrabile）」は、同時に肯定し、かつ否定するということはありえないというものであり、これは「有」と「非有（non ens）」の「観念（ratio）」にもとづいて確立される。そして、『形而上学』第四巻で言われているように、ほかのすべての原理がこの原理にもとづいて確立される。しかるに、「有」が端的な仕方で把捉に入る第一のものであるように、「善」は、行動へと秩序づけられるところの実践理性による把捉に入る第一のものである。なぜなら、すべての能動者は、善の性格を有するところの、目的のためにはたらくからである。それゆえ、実践理性における第一の原理は、「善とはすべてのものが欲求するものである」という、「善の性格」にもとづいて確立される。したがって、「善は実行すべき、追求すべきものであり、悪は避けるべきものである」ということが、法の第一の規定である。そして、自然法の、すべてのほかの規定はこのことにもとづいて確立される。すなわち、実践理性が自然本性的な仕方で人間的な善であると捉えるところの、実行すべきあるいは避けるべきことのすべてが、自然法の規定にかかわっているのである。しかし、善は目的という性格を、これに対して悪はその反対の性格を持つがゆえに、それへと人間が自然本性的な傾きを持つところのものをすべて、理性は、自然本性的な仕方で、善なるものとして、そしてその結果、行動によって追求すべきものとして捉え、また、それらとは反対のものを、悪であり避けるべきものとして捉える。それゆえ、自然本性的な傾きの秩序にそくして、自然法の規定に関する秩序は存している。(2)

自然法の規定が実践理性に関係づけられるのは、「論証の第一原理が思弁的理性に対するような仕方」による。というのは、自然法の規定も、論証の第一原理も、「自体的な仕方で知られる諸原理だからである」。しかるに、自体的な仕方で知られるところの、「万人の把捉に入ることがらにおいては、何らかの秩序が見いだされる」。それはちょうど、より基本的な原理から諸原理が導かれるような場合である。そして、「第一の把捉に入るものとは有」である。この点は認識という点から明らかであろう。何らかの仕方で「有」として捉えられないようなものは、認識の対象にはなりえないからである。そのかぎりにおいて、「有に関する知的洞察が把捉するところのすべてに含まれている」ことになる。

したがって、思弁的なことがらにおいて、思弁的理性のはたらきは、「論証の第一原理」である「第一の論証不可能な原理」にそくして、「同時に肯定し、かつ否定するということはありえない」という「有と非有の観念」にしたがって、成立している。そして、「ほかのすべての原理がこの原理にもとづいて確立される」から、実践理性の原理である自然法の規定は、「有と非有の観念」ではなく、「善と非善（悪）の観念」にそくして確立される。有は、それが欲求の対象であるかぎり、善として捉えられるからである。

第二節　自然本性的傾きと自然法——善と目的

さて、「意志の対象は、目的であり善である」ゆえに、「すべての人間的行為は目的のためにあるものでなければならない」(3)。そして、「すべてのものは、永遠法の刻印にもとづいて固有なはたらきと目的への傾きを有する」以上(4)、「すべての能動者は、善の性格を有するところの、目的のためにはたらく」のであり、「善は、行動へと秩序づけられるところの実践理性による把捉に入る第一のもの」として位置づけられる。

このように、すべての能動者は、善として捉えられるところの、目的のためにはたらくことから、「実践理性における第一の原理は、善とはすべてのものが欲求するものであるという、善の性格にもとづいて確立される」。じっさい、善は何らかの「有」であるのに対し、悪は、存在論的な意味においては「非有」にほかならない。「善とはすべてのものが欲求するものであるという、善の性格」は何らかの存在を前提にしており、したがって、「善は実行すべき、追求すべきものであり、悪は避けるべきものである」という「法の第一の規定」も、「有と非有の観念」にもとづいている。そして、この第一の規定に関するかぎり、自然法はただ一つの規定を含むことになる。これに対して、この第一の規定にもとづいて、「自然法の、すべてのほかの規定」は確立され、「実践理性が自然本性的な仕方で人間的な善であると捉えるところの、実行すべきあるいは避けるべきことのすべてが、自然法の規定にかかわっている」。このかぎりにおいて、「自然法は複数の規定を含む」ということになる。では、この場合の「自然本性的な仕方」とは、何を意味しているのであろうか。

「有に関する認識」とは、「端的な仕方で把捉に入る第一のもの」という「有の性格」に関する認識である。同様に、「善に関する認識」も「実践理性の把捉に入る第一のもの」という「善の性格」への認識であり、「すべての能動者は目的のためにはたらく」ことから、この認識は「目的」にかかわる。

すなわち、「善は目的という性格を、これに対して悪はその反対の性格を持つ」ということが、存在論から帰結される。しかるに、人間にとっての目的とは、自己以外の善を獲得するということよりは、むしろ、人間が「神を認識し、愛することによって究極目的へと到達する」というように、(5)「自らの存在」という意味での「善」を完成させることであると思われる。それはちょうど、神への認識と愛がより完全なものになるに応じて、人間のうちにより完全な似姿が見いだされるようにである。

したがって、「すべての能動者は、善の性格を有するところの、目的のためにはたらく」ことから、人間の存在そのものには、かかる完成へと向かう方向性が目的論的な仕方で確立されている。それはかかる完成にかかわる目的への方向性である。そして、この方向性が「自然本性的な傾き」として解されよう。

それゆえ、「それへと人間が自然本性的な傾きを持つところのものをすべて、理性は、自然本性的な仕方で、善なるものとして、そしてその結果、行動によって追求すべきものとして捉え、また、それらとは反対のものを、悪であり避けるべきものとして捉える」。実践理性にとっての「自然本性的な仕方」とは、人間の「自然本性的な傾き」に由来しており、この傾きに合致するものを「実践理性が自然本性的な仕方で人間的な善であると捉える」。アクィナスにおいて、自然法はこの根元的な傾きにもとづいて成立している。すなわち、「自然本性的な傾きの秩序にそくして、自然法の規定に関する秩序は存している」。

たしかに、人間のうちにかかる自然本性的な傾きが認められるということから、「人間にとって何が善であり、何が悪であるか」というような議論に対しては、「目的という性格」という観点から答えることが可能になる。もちろん、現実に何かの善悪を決めることは容易ではない。しかし、「それへと人間が自然本性的な傾きを持つところのもの」であるか否かという視座に立つことは、我々にとって、きわめて重要ではないだろうか。

しかるに、なぜ人間は、「善は目的という性格を、これに対して悪はその反対の性格を持つ」にもかかわらず、「避けるべきもの」であるはずの「悪」を避けることができないのであろうか。もともと「非有」であるはずの悪を、あたかも善のように欲し、あたかも目的のように為すのであろうか。

この点は、可能であれば別の機会に詳しく論じていきたいが、すくなくとも次のように言うことはできよう。すなわち、人間にとっての「自然本性的な傾き」とは、非理性的存在においてはそうであるような、自らの行動をすべて方向づける強制的な傾きではない。そのため、本来の傾きとは反するものへと向かうことは、人間にとって現実的な可能性となる。

じっさい、「理性的被造物は自由意思によって自らのはたらきの主権を有するから、何らかの特別な仕方で神の摂理に服している」ということから、「善は実行すべき、追求すべきものであり、悪は避けるべきものである」ということにもとづいて人間が行動する、ということが帰結されるのではなく、「かかる被造物には、何かが罪科ないし功徳へと帰せられ、また、罰ないし報いとして何かが与えられる」(6)。

かくして、「悪しき人々は、不完全な仕方で善を認識し、不完全な仕方で善へと傾かされるように、たしかに永遠法のもとにあるが、それは彼ら自身の行為に関するかぎり不完全な仕方である」ということは[7]、「善とはすべてのものが欲求するものであるという、善の性格」に関する認識が不完全であるために、「不完全な仕方で善へと傾かされる」ことを意味していると言えよう。

第三節　人間における自然法——実体・動物・理性的存在

実践理性は自然法の規定にもとづいているが、その根源的な規定とは、「善は実行すべき、追求すべきものであり、悪は避けるべきものである」という、存在と非存在に由来するもので、そこから、「実践理性が自然本性的な仕方で人間的な善であると捉えるところの、実行すべきあるいは避けるべきことのすべて」が自然法の規定となる。人間の共同善への運動は、この自然法の規定にそくして、秩序づけられるのである。しかるに、アクィナスは、先の引用に続いて人間の自然本性を、「実体的本性」、「動物的本性」、そして、「理性的本性」の三段階に分類し、それぞれの本性にもとづく傾きから自然法の規定を次のように論じている。

第一に、人間には、そこにおいてすべての「実体」と共通するところの、自然本性にもとづく善への傾きが内在している。じっさい、いかなる実体も、自らの自然本性にそくして自らの「存在（esse）」の「保全（conservatio）」を欲求するのである。そして、この傾きにしたがって、自然法には、それを通じて人間の「生命（vita）」が保全され、また、それに反するものが妨げられるところのことがらが属している。第二は、そこにおいてほかの諸動物と共通しているところの自然本性にそくした、何かより特別なものへの傾きが人間に内在している。そして、これに関しては、雌雄の交わりや子の育成、およびこれと同様なことがらのような、自然がすべての動物に教えたところのことがらが自然法に属すると言われる。第三の仕方では、人間にとって固有である理性の本性にそくした善への傾きが人間に内在している。すなわち、神に関して「真理（veritas）」を認識することや、「社会（societas）」のうちに生活することに関する自然本性的な傾きを人間は有している。そして、このことにそくして、自然法にはこのような傾きにかかわることがらが属しているのであって、たとえば、人間が無知を避けるべきであるとか、親しくつきあっていくべき人に嫌な思いをさせないとか、またこの傾きにかかわる、ほかのこのようなことがらである。(8)

「自然本性的な傾きの秩序にそくして、自然法の規定に関する秩序は存している」。そして、人間のうちに見いだされる第一の原初的な傾きは、「そこにおいてすべての実体と共通するところの、自然本性にもとづく善への傾き」である。人間とは、もっとも共通的な意味において、何らかの「実体」にほかならない。

しかるに、この第一の自然本性的な傾きの秩序にそくした自然法の規定は、「自らの存在の保全」として捉えられる。いかなる実体も、それが生物であれ無生物であれ、「自らの自然本性にそくして自らの存在の保全を欲求する」。無生物の場合、厳密には欲求能力を欠いていると思われるが、「すべてのものは、永遠法の刻印にもとづいて固有なはたらきと目的への傾きを有するかぎり」、かかる傾きにそくしてその「欲求」が捉えられると言えよう。人間の場合、その「存在」とは何よりも自らの「生命」を意味している。したがって、この第一の「傾きにしたがって、自然法には、それを通じて人間の生命が保全され、また、それに反するものが妨げられるところのことがらが属している」のである。

では、人間とはそもそもどのような「実体」なのであろうか。アクィナスによると、人間は「霊的な（spiritualis）実体と物体的な（corporalis）実体から複合されている」(9)。すなわち、精神ないし霊と身体から成り立っているのが人間である。この点に関連して、アクィナスは、『神学大全』第一部第九一問題第一項主文で、次のように言っている。

下位の諸要素は、人間のうちに、実体にそくして豊かに満たされている。（中略）そして、このことにそくして人間は、「小世界（minor mundus）」と言われる。なぜなら、世界のすべての被造物が、人間のうちに何らかの仕方で見いだされるからである。(10)

人間は精神的実体と物体的実体とから複合された存在であるから、天使のような純粋に霊的な実体とは異なり、人間のうちには世界全体のすべての要素を何らかの仕方で見いだすことができる。じっさい、この「小世界」という表現は、人間の実体的特徴を端的に示しており、霊的実体としての上位の諸要素と物体的実体としての下位の諸要素から、人間は構成されている。人間存在は、もともと複雑な実体であり、純粋に精神的存在でもなければ、純粋に物体的存在でもない。

人間のうちに認められる第二の自然本性的な傾きとは、動物的本性にもとづく傾きであり、単なる「生命の保全」ではなく、動物として生きることへの「何かより特別なものへの傾き」として捉えられる。そして、この傾きにおいて、「自然がすべての動物に教えたところのことがらが自然法に属すると言われる」。すなわち、「そこにおいてほかの諸動物と共通しているところの自然本性」の次元で捉えられうる「自然本性的傾き」は、「永遠法の刻印にもとづいて固有なはたらきと目的への傾きを有する」ところの傾きであり、そのかぎりにおいて、「自然がすべての動物に教えた」と言われるわけである。

この第二の傾きは、「雌雄の交わりや子の育成」という点からして、いわゆる「種の保全」にかかわると言えよう。この傾きが非理性的動物にとって「自然本性的」であるのは、「動的な根源が分有されるかぎりにおける、能動と受動という仕方」でのみで永遠法に服しているからである。[11] 非理性的な動物は、神から分有された「動的な根源」によって、いわば動かされているわけである。これに対して、人間の場合、たとえば、「雌雄の交わり」にしても、ほかの多くの動物には認められる発情期という規則性なり自然本性的な限定性としての傾きを有しているようには思われない。ここから、人間という存在が動物本来の規則性を超えている、あるいは逸脱しているということが言われうるであろう。

そして、人間のうちに見いだされる第三の自然本性的な傾きとは、「人間にとって固有である理性の本性にそくした善への傾き」であり、人間の社会的生活は、この最終段階で、はじめて問われている。人間が人間らしく生きるためには、何らかの共同体が必要であるということは明らかであるから、社会的な常識を持ち、ともに社会的生活を営む人々とことをかまえたりすることなく、社会の一員として「社会のうちに生活すること」が自然法に属している。ペルソナと共同体の関係は、この「理性の本性にそくした善への傾き」において、調整され、秩序づけられるのである。

第四節　意志の傾き——自然本性的な愛

さて、先の「第三の傾き」において問題とすべきは、「神に関して真理を認識すること」が「社会のうちに生活すること」と、いわば同列に論じられているという点である。「人間が無知を避けるべきである」ということは、社会生活というよりは、むしろ、「神認識」との関連で語られている。

たしかに、人間は「神を認識し、愛することによって究極目的へと到達する」。かかる認識は、人間にとって、超越的であると同時に、何らかの仕方で「自然本性的」である。じっさい、この認識は、「聖なる教え」にとって根源的であると言えよう。

しかるに、神認識と社会的生活との関係は、神的共同体の理解にとって、非常に重要な意味を有しているように思われる。アクィナスは、『神学大全』第一部第六〇問題第五項で「天使は自然本性的な愛によって、自分自身を愛する以上に神を愛するか」を問題にしており、その主文で次のように言っている。

理性を欠いたものにおける自然本性的な傾きは、知性的本性の意志における自然本性的傾きを論証する。しかるに、自然本性的な事物において、それ自身であるところのものが、本性にそくしてほかのものに属するものは、いずれも、より根源的により多く、自らへよりも「自らがそれに属するもの」へと傾かされる。そして、このような自然本性的な傾きは、自然本性的な仕方で為される行動から論証される。というのも、『自然学』第二巻で、「いかなるものも、ちょうど自然本性的な仕方で為される場合、そのような行動が適しているように自然本性が存している」と言われているからである。我々は、すなわち、自然本性的な仕方で、部分は全体の保全のために自らを投げだすことを見るのであって、たとえば手が身体全体の保全のために思慮なしに攻撃へと投げだされるのである。そして、理性は自然を模倣するのであるから、かかる傾きを、我々は「政治的徳（virtus politica）」において見いだす。なぜなら、有徳なる「市民（civis）」は、「国家（respublica）」全体の保全のために、死の危険へと自らを投げだすからである。そして、もし人間がこの「国」の自然本性的な部分であるならば、かかる傾きは、その人間にとって自然本性的なのであろう。したがって、すべての被造物は、自然本性的な仕方で、おのおのであるところのものにそくして、神に属しているゆえに、普遍的な善は神自身であり、かかる善のもとに、天使も、また人間やすべての被造物が含まれるということから、天使も人間も自然本性的な愛によって、より多くかつより根源的な仕方で、自分自身を愛するよりも神を愛するということが帰結する。そうではなく、もし自然本性的な仕方で神を愛する以上に自分自身を愛するのであれば、その自然本性的な愛は倒錯したものであるということになろう。そして、このことは「愛徳」によって完成されるのではなく、かえって破壊されることになるであろう(12)。

非理性的本性における自然本性的な傾きと、理性的本性における意志の自然本性的な傾きとのあいだには、ある種の相関的な関係が認められる。そのため、「理性を欠いたものにおける自然本性的な傾きは、知性的本性の意志における自然本性的傾きを論証する」ということになる。非理性的存在においては、内在する自然本性的な傾きが、その存在のあり方や方向性を決定する。これに対して、人間は意志を有しており、意志は本来、徳へと向かう自然本性的な傾きを有していると考えられる。「我々は生まれつき徳を持つべくできている」わけである(13)。しかしながら、意志がかかる自然本性的な傾きに反することは、きわめて現実的な可能性となる。それは自然法に反した悪への可能性である。

すくなくともこの個所からは、かかる自然本性的な傾きにそくして、「有徳なる市民」の社会的生活と、神への自然本性的な愛が何らかの仕方で結びつけられるように思われる。そして、認識は愛に先立つ、すなわち、認識は欲求に先行すると考えられることから、この自然本性的な神への愛は神に関する何らかの認識を前提にしている。このかぎりにおいて、神認識と社会的生活は「それ自身であるところのものが、本性にそくしてほかのものに属するものは、いずれも、より根源的により多く、自らへよりも自らがそれに属するものへと傾かされる」という傾きにそくして、結びつけられるということになるであろう。

第五節　神的共同体と自然法――神への傾き

たしかに、群れをなす動物の場合、群れ全体の保全のために、ある個体が「死の危険へと自らを投げ出す」ということは、その個体にとって自然本性的であると言えよう。なぜなら、「いかなるものも、ちょうど自然本性的な仕方で為される場合、そのような行動が適しているように自然本性が存している」からである。

これに対して、「理性は自然を模倣する」としても、人間のうちにこのような傾きが見いだされるのは、あくまで「徳」にもとづいている。すなわち、「かかる傾きを、我々は政治的徳において見いだす」のであり、「有徳なる市民は、国家全体の保全のために、死の危険へと自らを投げだす」。このことが可能になるのは、徳によって、自らが国の自然本性的な部分であるということが自覚されている場合であって、そのかぎりにおいて、「かかる傾きは、その人間にとって自然本性的なのであろう」。

ただし、この傾きからある種の全体主義が帰結されるわけではない。アクィナスにおいて、人間はあくまで「理性的本性を持った単一者」としてのペルソナであり、「諸行為は単一者のうちに存する」(14)。人間は自らのはたらきの主であり、その人間的行為は単一者としてのペルソナに帰せられる。したがって、ペルソナとしての主体性と超越性は、アクィナスの人間理解の前提をなしており、全体としての共同体は、かかるペルソナ的性格を可能にする「普遍性」において、本来、捉えられなければならない。

しかしながら、「人間であるところの、また人間が為しうる、さらに持つところの全体は、神へと秩序づけられなければならない」(15)。そのため、「普遍的な善は神自身であり、かかる善のもとに、天使も、また人間やすべての被造物が含まれる」。したがって、人間一人一人に注目するならば、たしかに個別的なペルソナとして位置づけられるが、「自然本性的な仕方で、おのおのであるところのものにそくして、神に属している」という観点からは、神であるところの普遍的な善のもとに、人間はその存在がそこに含まれるものとして捉えられる。

　さらに、「全体が属する共同善とは神自身であり、神のうちにすべての者の至福は成立している」から、「ちょうど部分が全体の善へと秩序づけられるように、直しき理性と自然本性の誘発にそくして、おのおのの者は自ら自身を神へと秩序づける」(16)。このような仕方で、「天使も人間も自然本性的な愛によって、より多くかつより根源的な仕方で、自分自身を愛するよりも神を愛するということが帰結する」わけである。

　その一方、「もし自然本性的な仕方で神を愛する以上に自分自身を愛するのであれば、その自然本性的な愛は倒錯したものであるということになろう」。神的共同体の部分であるという認識が欠けているならば、「不完全な仕方で善を認識し、不完全な仕方で善へと傾かされるように、たしかに永遠法のもとにあるが、それは彼ら自身の行為に関するかぎり不完全な仕方である」ということになる。そして、この倒錯した自然本性的愛は、「愛徳によって完成されるのではなく、かえって破壊されることになるであろう」。

　それゆえ、「愛徳によって、人間は自ら自身を神のために愛するから」、「おのおのの者は自ら自身を神へと秩序づける」ということは、「愛徳によって完成される」(17)。自然法は、神的共同体において、部分である人間を全体である神へと秩序づける法であり、対神徳である愛徳がかかる秩序づけを完成せしめる。自然法は、かかる神的共同体においてペルソナの超越性を共同善へと正しく秩序づける「規則」であり「基準」であると解される。自然法としての自然本性的な傾きは、「神への傾き」であり、「永遠法に調和するところのものへと向かう自然本性的傾き」にほかならないのである(18)。

註

（1）*S.T.*I-II, q.91, a.1, c. 第1部第1章註（8）参照。

（2）*S.T.*I-II, q.94, a.2, c. praecepta legis naturae hoc modo se habent ad rationem practicam, sicut principia prima demonstrationum se habent ad rationem speculativam: utraque enim sunt quaedam principia per se nota... In his autem quae in apprehensione omnium cadunt, quidam ordo invenitur. Nam illud quod primo cadit in apprehensione, est ens, cuius intellectus includitur in omnibus quaecumque quis apprehendit. Et ideo primum principium indemonstrabile est quod non est simul affirmare et negare, quod fundatur supra rationem entis et non entis: et super hoc principio omnia alia fundantur, ut dicitur in IV *Metaphys*. Sicut autem ens est primum quod cadit in apprehensione simpliciter, ita bonum est primum quod cadit in apprehensione practicae rationis, quae ordinatur ad opus: omne enim agens agit propter finem, qui habet rationem boni. Et ideo primum principium in ratione practica est quod fundatur supra rationem boni, quae est, bonum est omnia appetunt. Hoc est ergo primum praeceptum legis, quod bonum est faciendum et prosequendum, et malum vitandum. Et super hoc fundatur omnia alia praecepta legis naturae: ut scilicet omnia illa facienda vel vitanda pertineant ad praecepta legis naturae, quae ratio practica naturaliter apprehendit esse bona humana. Quia vero bonum habet rationem finis, malum autem rationem contrarii, inde est quod omnia illa ad quae homo habet naturalem inclinationem, ratio naturaliter apprehendit ut bona, et per consequens ut opere prosequenda, et contraria eorum ut mala et vitanda. Secundum igitur ordinem inclinationum naturalium, est ordo praeceptorum legis naturae.　このテキストの中段部分が佐々木 二〇〇八、一〇三頁に、それに続く後半が佐々木 二〇〇八、一〇五頁に、それぞれ翻訳が掲載されている。さて、このテキストからも明らかなように、実践理性の第一の根源は善の超越的性格にもとづいている（Aertsen 1999, p.253）。そして、自然法の規定は意志のはたらきに先行していなければならない（Grisez 1969, p.378）。じっさい、アクィナスの自然法論は、幸福に関連するすべての倫理的規定を要求する（Hood 1995, p.47）。

（3）*S.T.*I-II, q.1, a.1, c. 第一部第一章註（3）参照。

（4）*S.T.*I-II, q.91, a.2, c. 第二部第二章註（1）参照。

（5）*S.T.*I-II, q.1, a.8, c. 第一部第二章註（16）参照。じっさい、被造のペルソナにおけるペルソナ的な発展とは、神にますます似た者となるということにほかならない（Clarke 2004, p.97）。

（6）*S.T.*I, q.22, a.2, ad 5. 第二部第二章註（10）参照。

（7）*S.T.*I-II, q.93, a.6, c. 第二部第二章註（3）参照。

（8）*S.T.*I-II, q.94, a.2, c. Inest enim primo inclinatio homini ad bonum secundum naturam in qua communicat cum omnibus substantiis: prout scilicet quaelibet substantia appetit conservationem sui esse secundum suam naturam. Et secundum hanc inclinationem, pertinent ad legem naturalem ea per quae vita hominis conservatur, et contrarium impeditur. — Secundo inest homini inclinatio ad aliqua magis specialia, secundum naturam in qua communicat cum ceteris animalibus. Et secundum hoc, dicuntur ea esse de lege naturali quae natura omnia animalia docuit, ut est coniunctio maris et feminae, et educatio liberorum, et similia. — Tertio modo inest homini inclinatio ad bonum secundum naturam rationis, quae est sibi propria: sicut homo habet naturalem inclinationem ad hoc quod veritatem cognoscat de Deo, et ad hoc quod in societate vivat. Et secundum hoc, ad legem naturalem pertinent ea quae ad huiusmodi inclinationem spectant: utpote quod homo ignorantiam vitet, quod alios non offendat cum quibus debet conversari, et cetera huiusmodi quae ad hoc spectant. このテキストの抄訳が、佐々木 二〇〇八、一〇六頁に掲載されている。さて、この自然法は人間の成長に貢献できるか否かを確定することにかかわっていると言えよう（Cates 2002, p.325）。じっさい、神は非理性的動物を本能や自然本性的欲求によってそれらの固有な目的へと導くにもかかわらず、人間を神は実践理性という神に似せられた力によって、固有な目的へと導くのである（George 2004, p.243）。また、アクィナスが自らの法理論を人間の存在論へ方向づけたという点は重要であろう（Meyer 1961, p.601）。ところで、この個所におけるストア派の影響を指摘している研究者もいるが（Spanneut 1984, pp.60–61）、しかるに、アクィナスの友愛理解に古代ストア派を関連づける研究もあり（McEvoy 2003, pp.271–272）、この点は非常に興味深く、今後の課題としていきたい。

（9）*S.T.*I, q.75, intro. Post considerationem creaturae spiritualis et corporalis, considerandum est de homine, qui ex spirituali et corporali substantia componitur.

（10）*S.T.*I, q.91, a.1, c. Inferiora vero elementa abundant in eo secundum substantiam:.... Et propter hoc homo dicitur minor mundus, quia omnes creaturae mundi quodammodo invenitur in eo.

（11）註（7）参照。

（12）*S.T.*I, q.60, a.5, c. inclinatio enim naturalis in his quae sunt sine ratione, demonstrat inclinationem naturalem in voluntate intellectualis naturae. Unumquodque autem in rebus naturalibus, quod secundum naturam hoc ipsum quod est, alterius est, principalius et magis inclinatur in id cuius est, quam in seipsum. Et haec inclinatio naturalis demonstratur ex his quae naturaliter aguntur: quia unumquodque, sicut agitur naturaliter, sic aptum natum est agi, ut dicitur in II *Physic.* Videmus enim quod naturaliter pars se exponit, ad conservationem totius: sicut manus exponitur ictui, absque deliberatione, ad conservationem totius corporis. Et quia ratio imitatur naturam, huiusmodi inclinationem invenimus in virtutibus politicis: est enim virtuosi civis, ut se exponat mortis periculo pro totius respublicae conservatione; et si homo esset naturalis pars huius civitatis, haec inclinatio esset ei naturalis. Quia igitur bonum universale est ipse Deus, et sub hoc bono continetur etiam angelus et homo et omnis creatura, quia omnis creatura naturaliter, secundum id quod est, Dei est; sequitur quod naturali dilectione etiam angelus et homo plus et principalius diligat Deum quam seipsum. — Alioquin, si naturaliter plus seipsum diligeret quam Deum, sequeretur quod naturalis dilectio esset perversa; et quod non perficeretur per caritatem, sed destrueretur.　このテキストの前半部分の翻訳が、佐々木 二〇〇八年、一六七—一六八頁に掲載されている。ここで、対神徳である愛徳のはたらきが、人間の自然本性的な傾きとの関連で語られている点は、非常に重要な意味を有している（Honnefelder 2002, p.430）。じっさい、我々が社会においてどのように生活するかは、もっとも高位なる善としての神への探求に関係づけられている（DeCrane 2004, p.60）。

（13）註（7）参照。

（14）*S.T.*I, q.29, a.1, c.　第一部第三章註（17）参照。

（15）S. T. I-II, q.21, a.4, ad 3. 序註（3）参照。
（16）*De Perf.* Vitae Spirit. c.13, n.634. 序註（6）参照。
（17）註（16）参照。じっさい、愛徳のはたらきを通じて、そこに自然本性と恩恵の何らかの一致を見いだすことができるように思われる（Porter 2005, p.399）。
（18）註（7）参照。たしかに、人間の自然本性的な傾きは、絶対的な善としての神の認識において、頂点に達すると言えよう（Di Blasi 2006, p.135）。

第三部　神的共同体と正義

第一章　自然法と正義

第一節　神認識と社会的生活——共同善の超越性

さて、「第三の仕方では、人間にとって固有である理性の本性にそくした善への傾きが人間に内在して」おり、「神に関して真理を認識することや、社会のうちに生活することに関する自然本性的な傾きを人間は有している」[1]。理性的本性にそくした傾きとは、神認識や社会的生活に関する自然本性的な傾きということになる。

じっさい、「聖なる教えの根源的な意図は、神に関する認識を伝えること」であり[2]、このことが『神学大全』全体の目的にかかわっている。もちろん、この場合の「神」とは、キリスト教の神にほかならない。そして、社会科学だけではなく、人文科学でさえも、「神」は考察の対象外に押しやられ、神という言葉が出てきたとたんに、議論そのものが不可能になるような印象すら持たれる。そのためか、先の『神学大全』第二―一部第九四問題第二項主文後半の引用において、「神認識」について触れようとしない場合もある[3]。

「神に関して真理を認識すること」は、たしかに、本来的にはキリスト教の神認識を意味するとしても、たとえば、「宗教的な真理へと開かれていること」や、「目に見えないものに対して畏敬の念を抱くこと」のように、より普遍的に解釈することは、けっして不可能ではないであろう。もし、このような解釈が可能であるならば、先の第三の傾きにおいて「神認識」と「社会的生活」が同列に扱われていることは、我々にとって、近代という時代の転換にかかわるような、きわめて重要な意味を持つことになる(4)。

すなわち、人間が「社会のうちに生活する」ということは、単にペルソナとしての理性的成熟によってもたらされるものでも、人間が自らの存在としての善を完成させることから必然的にもたらされるものでもないであろう。むしろ、このことは、何らかの宗教的な、超越的な、目に見えない真理への態勢づけから可能になると考えられる。そもそも、「愛」にしても「絆」にしても、目に見える側面は限定的である。共同体の連帯性における根拠と考えられる「紐帯」は目に見えない何かであって、物質的なものはその「しるし」なり「象徴」にすぎない。このかぎりにおいて、目に見えない何かへと配慮することを通じて、本来的な仕方で、人間が「社会のうちに生活する」ということは可能になるのではないだろうか。

たしかに、「全体の善がそのいかなる部分にとっても目的であるように、共同善は、共同体のうちに存在している個別的な個々のペルソナにとっての目的である(5)」。そして、「全体が属する共同善とは神自身であり、神のうちにすべての者の至福は成立して」おり、「ちょうど部分が全体の善へと秩序づけられるように、直しき理性と自然本性の誘発にそくして、おのおのの者は自ら自身を神へと秩序づける(6)」。

共同善は、究極的には、そこにおいておのおのの人間の至福が認められる善であり、そして、共同善の超越性という観点から、神認識と社会的生活が密接に結びついていると考えられる。すなわち、「神に関して真理を認識する」ということは、共同善である神に関する認識であり、「社会のうちに生活する」ということは、本来、かかる絶対的な共同善へと秩序づけることによって現実化されうる。個々の人間が共同善へと、それを目的とする仕方で秩序づけられていることから、かかる秩序づけは、「部分が全体の善へと秩序づけられるように」、本来共同善である神へと何らかの仕方で通じていなければならない。

さらに、かかる神認識は、単なる神認識ではなく、「神に関して真理を認識する」というある種の真理認識である。じっさい、「人間の理性を超えるところの何かが神の啓示によって人間に知らされるということは、人間にとってその救いのために必要であった」(7)。神について何らかの真理を認識するということが、人間の救いにとって前提となるわけである。

第二節　自然法と人間的行為――主権の完成

「人間であるところの、また人間が為しうる、さらに持つところの全体は、神へと秩序づけられなければならない」ということから、「人間による善きないし悪しき行為すべては、行為の性格そのものにもとづいて、神のまえにおいて、功徳や罪業という性格を有する」(8)。人間は神的共同体の部分にほかならない。しかし、その一方、人間は自らのはたらきの主である。そしてその主権は、それ自体単独で成立しているのではなく、あくまで神との関係において形成されている。

たしかに、「おのおのの理性的被造物には、永遠法に調和するところのものへと向かう自然本性的傾きが内在している」(9)。そして、「それへと人間が自然本性的な傾きを持つところのものをすべて、理性は、自然本性的な仕方で、善なるものとして、そしてその結果、行動によって追求すべきものとして捉え、また、それらとは反対のものを、悪であり避けるべきものとして捉える」(10)。

したがって、このような自然本性的な傾きにそくするという仕方で、人間は善を追求し悪を避けることができるのであり、そのかぎりにおいて、自らのはたらきに関する主権は、自然法の規定にしたがうことによって、完成へと導かれることになる。すなわち、自らのはたらきの主としての主権は、かかる自然本性的な傾きにそくして完成され、人間的行為は自然法を通じて共同善である神へと正しく向かうことが可能になる。かかる主権は、もちろん善にも悪にも向かいうる運動において成立しているとしても、自然法にもとづいて、より完全なものになりうる。人間の神への運動は、自然法にそくするという仕方で、究極へと導かれることが可能になる。

じっさい、「理性的被造物自身においては、それによってしかるべきはたらきと目的への自然本性的な傾きを有するところの、永遠なる理念が分有されている」[11]。それゆえ、人間的行為の倫理的性格は、そのはたらきと目的が、「しかるべきはたらきと目的」であるか否かにかかっている。

このように、人間には、目的としての性格を有する善を追求し、目的とは反対の性格を持つ悪を避けるように導くところの、「自然本性的な傾き」が存している。しかるに、「法の固有な効果とは、法が与えられるところの人々が、端的な仕方で、あるいは何らかの意味で、善い人々となさしめることであると帰結する」のである[12]。自然法が人間を「善い人々となさしめる」ということは、「永遠法に調和するところのものへと向かう自然本性的傾き」を通じて実現するのである。

ところで、人間的行為は「人間が自分自身を動かす、そして、人間が自分自身によって動かされる」という能動と受動にもとづいて成立している[13]。それゆえ、ちょうど「主の命令を通じて僕が何かを為すために動かされるように、自らの意志によって動かされる」ような仕方で[14]、人間は実践理性の命令によって固有な徳へと動かされるが、この受動性は「考量された意志から発出するかぎりにおいて」という[15]、意志の能動性から可能になる。このように、人間的行為のうちには、「動かされて動かす」、あるいは「動かして動かされる」というような、能動と受動の構造が認められる。そして、まさにこの能動と受動という点において、徳が形成される。

第三節　徳と習慣——目的への傾き

では、そもそも「徳」とは何を意味しているのであろうか。アクィナスは「徳の本質（essentia）」について論じている『神学大全』第二－一部第五五問題の第一項で、「人間的徳（virtus humana）は習慣であるか」を問題にしており、その主文で次のように言っている。

徳とは能力の何らかの完全性の呼び名である。しかるに、いかなるものの完全性も特にその目的への秩序づけにおいて考察される。さらに能力の目的とは現実態である。それゆえ、能力は自らの現実態へと確定されるかぎりにおいて、完全であると言われる。（中略）しかるに、人間にとって固有である「理性的能力」は、一つのものへと確定されているのではなく、多くのものへと不確定な仕方で関係している。それらは、先に述べられたことから明らかなように、「習慣」によって現実態へと確定されるのである。それゆえ、人間的徳は習慣である。[16]

徳とは、「能力の完全性」にほかならない。しかるに、「ある能力から発出する行為はすべて、能力の対象が有する性格にそくして、その能力から原因されることは明らか」であり、「意志の対象は、目的であり善である」ゆえに、「すべての人間的行為は目的のためにあるものでなければならない」[17]。人間的行為は、意志という能力によって原因づけられるが、意志の対象は目的であるから、「目的のために」という仕方で成立している。したがって、人間的行為の完全性はまさに「目的への秩序づけにおいて考察される」ことになる。

さらに、「能力の目的とは現実態である」が、「おのおののものは、可能態ではなく、現実態にそくして種を獲得」し、「運動は何らかの仕方で能動と受動に区別されるから」、「能動は、はたらきの根源である現実態から、これに対して、受動は、運動の終局である現実態から」種を獲得するが、「人間的であるかぎりにおける人間的行為の根源が目的であることは明らかである」一方、「それへと人間的行為が終極づけられるものは、意志が目的として意図するところのものにほかならないから」、「同様に、目的はかかる行為の終局でも」ある。[18] 目的は人間的行為の根源であり終局である。人間的行為は、根源としての現実態である目的によって発出し、終局としての現実態である目的へと終極づけられる。その一方、能力は可能態から現実態へと原因づけるものと考えられることから、「能力は自らの現実態へと確定されるかぎりにおいて、完全であると言われる」。人間的行為において、現実態とは目的であるから、徳は現実態である目的への確定にかかわるところの完全性である。

「人間にとって固有である理性的能力は、一つのものへと確定されているのではなく、多くのものへと不確定な仕方で関係している」。じっさい、「人間の自由意思は、選択の前でも、その後でも、対立するもののどちらにも傾きうる」のであり、[19]「人間は必然にもとづいてではなく自由な仕方で選択する」。[20] 人間が自由を有するということは、選択の自由という次元では、理性的能力が「多くのものへと不確定な仕方で関係している」ということから導きだされる。そして、現実態への確定が習慣によることから、「人間的徳は習慣である」と帰結される。

では、そもそも「習慣」とは何を意味しているのであろうか。アクィナスは習慣の「基体（subiectum）」について論じている『神学大全』第二―一部第五〇問題の第五項で、「意志のうちに何らかの習慣があるか」を問題にしており、その異論解答で次のように言っている。

先に言われたように、「欲求能力（virtus appetitiva）」のはたらきは何らかの「傾き」にほかならない。（中略）

しかるに、人間生活の目的のために、「欲求力（vis appetitiva）」が何か確定されたものへと傾かされることが必要不可欠であるが、その確定されたものへと能力の自然本性にもとづいて傾かされることはないのであって、その能力は多くの種々異なったものへと関係している。それゆえ、意志のうちには、そしてほかの欲求能力のうちには、何らかの傾かせる「質（qualitas）」がなければならないのであって、その質が習慣と呼ばれる。(21)

意志とは理性的本性の欲求能力であるが、人間的行為は「考量された意志から発出する」行為であり、「それへと人間的行為が終極づけられるものは、意志が目的として意図するところのものにほかならない」。意志の対象は目的であるから、人間的行為は目的のためにという仕方で成立している。しかるに、意志が目的を対象として欲求するということは、意志がその目的である「善」、あるいはすくなくとも「善として捉えられている何か」へと傾かされることを意味している。「欲求能力のはたらきは何らかの傾きにほかならない」からである。

さらに、「おのおのの理性的被造物には、永遠法に調和するところのものへと向かう自然本性的傾きが内在している」が、このことから、すべての人間が善い人々であることが帰結されるのではなく、「悪しき人々においては」、「徳への自然本性的な傾きが邪悪な習慣によってゆがめられて」いる。(22)

ここから明らかなように、「永遠法に調和するところのものへと向かう自然本性的傾きの内在」にもかかわらず、人間の意志は「多くの種々異なったものへと関係している」。そして、習慣には「善い習慣」だけではなく、「邪悪な習慣」も認められる。習慣とは、意志のうちにいわば必然的な仕方で存するところの、「何らかの傾かせる質」にほかならない。

したがって、「善い習慣」によって「自らの現実態へと確定される」能力の完全性が「徳」、正確には「人間的徳」として位置づけられる。これに対して、「徳への自然本性的な傾きが邪悪な習慣によってゆがめられて」いるような事態は、いわゆる「悪徳（vitium）」によって引きおこされているのである。

第四節　自然法と徳——徳への傾き

たしかに、「人間生活の目的のために、欲求力が何か確定されたものへと傾かされることが必要不可欠」であり、人間的行為が具体化されるためには、意志が何か確定したものへと傾かされなければならない。しかし、「意志は、必然にもとづいて至福である究極目的に密着して」いるとしても[23]、「確定されたものへと能力の自然本性にもとづいて傾かされることはない」。

したがって、意志のうちには、「何らかの傾かせる質」である「習慣」がなければならない。じっさい、アクィナスによると、習慣とは「動かされて動かすというはたらきの根源にもとづいて原因づけられる[24]」。かくして、人間的行為は、「多くの種々異なったものへと関係している」能力にもとづくことから、「動かされて動かす」という「能動と受動」の構造そのものが習慣を必要としており、そのため、人間的行為がいかなる種を受け取るかは、習慣の性質に左右されることになる。

しかるに、「善は実行すべき、追求すべきものであり、悪は避けるべきものであるということが、法の第一の規定」であり、「自然法の、すべてのほかの規定はこのことにもとづいて確立される[25]」。では、「自然法」と「徳」のあいだには、そもそもどのような関係が見いだされるのであろうか。

アクィナスは、『神学大全』第二－一部第九四問題の第三項で、「すべての徳のはたらきは自然法に属するか」を問題にしており、その主文で、「もし我々が、有徳である（virtuosus）かぎりにおける徳のはたらきについて語るならば」、「自然法には、人間がそれへと自らの本性にそくして傾かされるところのすべてが属する」が、おのおののものは「自らの形相にそくして、自らに適合した活動へと自然本性的な仕方で傾かされ」、「理性的な魂が人間の固有な形相であるから、いかなる人間にも、理性にそくして（secundum rationem）行為することへの自然本性的傾きが内在して」おり、「このことは、徳にそくして（secundum virtutem）行為することである」ゆえ、「すべての徳のはたらきは自然法に属しており、いかなる者にも、その固有な理性が、有徳な仕方で行為するようにと自然本性的に命ずる」と言っている[26]。

有徳なるはたらきに関して、有徳な行為一般として捉えられる場合、「徳とは能力の何らかの完全性の呼び名」であるが、「能力の目的とは現実態」であり、「能力は自らの現実態へと確定されるかぎりにおいて、完全であると言われる」。さらに、アクィナスによると、「形相は、形相であるかぎり、現実態である[27]」。このかぎりにおいて、徳は形相としての現実態にかかわることになる。そして、「自然本性的な傾きの秩序にそくして、自然法の規定に関する秩序は存している」が、「実践理性が自然本性的な仕方で人間的な善であると捉えるところの、実行すべきあるいは避けるべきことのすべてが、自然法の規定にかかわっている[28]」。このように、「自然法には、人間がそれへと自らの本性にそくして傾かされるところのすべてが属する」が、「理性の本性」こそ、「人間にとって固有である」。

「理性的魂が人間の固有な形相」にほかならない。したがって、「人間が自らの本性にそくする」ということは、「理性にそくする」ことであり、さらに「徳にそくする」ということになる。そのため、「いかなる者にも、その固有な理性が、有徳な仕方で行為するようにと自然本性的に命ずる」のである。

第五節　自然法と正義——人間の連帯性

さて、「徳とはそれを有する者を善き者となさしめるということであるから[29]」、「有徳であるかぎりにおける徳のはたらき」とは、「善は実行すべき、追求すべきものであり、悪は避けるべきものであるということ」に直接的な仕方でかかわっており、自然法は、自らの本性にそくした自然本性的傾きにもとづいて、有徳な行為を具体化するように命じる法として捉えられる。そのかぎりにおいて、「すべての徳のはたらきは自然法に属して」いるわけである。

ところで、「何らかの共同体のもとに含まれる者はすべて、部分が全体に対するように、その共同体へと関連づけられるということは明らか」であり、「部分とは全体に属するところのものであり、それゆえ、部分のいかなる善も、全体の善へと秩序づけられうる」ことから、「いかなる徳の善も」、「それへと正義が秩序づけるところの共同善にまで帰せられ」、「人間を共同善へと秩序づけることにもとづいて、すべての徳のはたらきは、正義に属することができる[30]」。

これに対して、「もし我々が、有徳であるかぎりにおける徳のはたらきについて語るならば」、「すべての徳のはたらきは自然法に属しており、いかなる者にも、その固有な理性が、有徳な仕方で行為するようにと自然本性的に命ずる」。かくして、「すべての徳のはたらき」は、共同善への秩序づけにそくしては「正義」に属しており、理性にそくして行為することへの自然本性的傾きにそくしては「自然法」に属するということになる。

したがって、「すべての徳のはたらき」が、正義と自然法の両方に、同時に属するためには、「永遠法に調和するところのものへと向かう自然本性的傾き」にもとづいて、人間が共同善へと秩序づけられなければならない。その場合、自然法は、「人間に内在するところの、共同善への自然本性的な傾き」にそくして捉えられよう。

さらに、「一般的な徳と言われる」この正義は、「共同善へと秩序づけることが法に属していることから」、「法的正義と呼ばれる」が、それは「この正義によって、人間は、すべての徳のはたらきを共同善へと秩序づけるところの法に、一致するからである[31]」。

しかるに、この場合の「法」は、「自然法」に限定されないように思われる。なぜなら、「法は、最高度に、至福へと存する秩序づけにかかわらなければならない」が、「部分はすべて全体へと、不完全なものが完全なものに対するように秩序づけられており、一人の人間は、完全な共同体の部分であるから、法は、本来、共通の幸福への秩序づけにかかわることは必然」であり、「それゆえ、すべての法は、共同善へと秩序づけられている」からである[32]。

いかなる法も、法であるかぎり、部分における至福である究極目的への秩序づけにもとづいて、不完全なものが完全なものに対するような仕方で、全体における共同善への秩序づけにかかわっていなければならない。そして、法が「すべての徳のはたらきを共同善へと秩序づける」かぎりにおいて、「人間は法的正義によってその法に一致する」ことになる。したがって、かかる「一致」は、法の種類や内容にそくして、多様的に、ないし、多元的に捉えられうる。

その一方、この「一致」は、我々にとって、第一義的には、「自然法との一致」を意味していると考えられる。そして、「自然法との一致」という点からは、この「一致」はすべての人間の自然本性的な傾きにそくしているゆえに、最も普遍的な意味での「連帯性」が根拠づけられることになるであろう。いかなる人間も、「法的正義による自然法への一致」へと開かれているわけである。

註

（1）S. T. I-II, q.94, a.2, c. 第二部第三章註（8）参照。じっさい、自然法は人々を社会においてお互いに関係づけることを可能にする（Sigmund 2002, p.332）。また、市民の共同体は行為者にとって、集団で生活するための手段であると言えよう（Nemeth 2001, p.106）。

（2）S. T. I, q.2, intro. 第一部第一章註（7）参照。

（3）註（1）の個所に関して、Brett 2003, p.284ではテキスト通りに翻訳されているが、神認識についての言及はない。水波 一九八七、三八六頁では「社会のうちに生活すること」だけが言及されている。筆者も、佐々木二〇〇八、一〇六頁では意図的に神認識への言及を避けた。それは、経済学の学位論文として、神という言葉を出せなかったからであり、また、学位の承認と単書の出版の時期が重なっていたため、修正する時間的余地がなかったからである。

（4）筆者の自然法研究は、野尻先生の以下の言葉に大きな刺激をうけている。広義の経済学での自然法論の復権は、最近ではことに「経済倫理学」への関心の高まりとも結びあう。（中略）要するに、近代という時代の転換であるが、これらはいずれも人間学的・生態論的な考察を必要とし、そこから経済学的かつ倫理学的な接近が求められてくることになる。そしてその場合、体系的な認識を得ようとするならば、やはりどうしても、現実のなかの「人と事物の本性」つまり経済と人間生活の本来の在り方に帰りそこから出発していく作業が欠かせなくなるはずである。これは、すぐれて自然法論的な省察にほかならない。野尻 二〇〇六、二三六頁。

（5）S. T. II-II, q.58, a.9, ad 3. 第二部第一章註（13）参照。

（6）*De Perf. Vitae Spirit.* c.13, n.634. 序註（6）参照。

（7）S. T. I, q.1, a.1, c. 第一部第一章註（1）参照。

（8）S. T. I-II, q.21, a.4, ad 3. 序註（3）参照。

（9）S. T. I-II, q.93, a.6, c. 第二部第二章註（3）参照。

（10）*S.T.*I-II, q.94, a.2,c.　第二部第三章註（２）参照。
（11）*S.T.*I-II, q.91, a.2,c.　第二部第二章註（１）参照。
（12）*S.T.*I-II, q.92, a.1,c.　第二部第二章註（13）参照。
（13）*S.T.*I-II, q.1, a.3,c.　第一部第三章註（15）参照。
（14）*S.T.*III, q.18, a.1,ad 2.　第二部第一章註（26）参照。
（15）註（13）参照。
（16）*S.T.*I-II, q.55, a.1, c. virtus nominat quandam potentiae perfectionem. Uniuscuiusque autem perfectio praecipue consideratur in ordine ad suum finem. Finis autem potentiae actus est. Unde potentia dicitur esse perfecta, secundum quod determinatur ad suum actum.... — Potentiae autem rationales, quae sunt propriae hominis, non sunt determinatae ad unum, sed se habent indeterminate ad multa: determinantur autem ad actus per habitus, sicut ex supradictis（q.49, a.4）patet. Et ideo virtutes humanae habitus sunt.
（17）*S.T.*I-II, q.1, a.1, c.　第一部第一章註（３）参照。
（18）註（13）参照。
（19）*S.T.*I, q.64, a.2, c.　第一部第二章註（５）参照。
（20）*S.T.*I-II, q.13, a.6, c.　第二部第二章註（12）参照。
（21）*S.T.*I-II, q.50, a.5, ad 1. cum nihil aliud sit actus appetitivae virtutis quam inclinatio quaedam, ut supra（q.6, a.4）dictum est... Sed quia necessarium est ad finem humanae vitae, quod vis appetitiva inclinetur in aliquid determinatum, ad quod non inclinatur ex natura potentiae, quae se habet ad multa et diversa; ideo necesse est quod in voluntate, et in aliis viribus appetitivis, sint quaedam qualitates inclinantes, quae dicuntur habitus.
（22）註（９）参照。
（23）*S.T.*I, q.82, a.1, c.　第二部第一章註（18）参照。
（24）*S.T.*I-II, q.51, a.2, c. Unde ex talibus actibus possunt in agentibus aliqui habitus causari, non quidem quantum ad primum activum principium, sed quantum ad principium actus quod movet motum.　佐々木　二〇〇五、一二

四頁。

（25）註（10）参照。

（26）*S. T.* I-II, q.94, a.3, c. Si igitur loquamur de actibus virtutum inquantum sunt virtuosi, sic omnes actus virtuosi pertinent ad legem naturae. Dictum est enim（q.94, a.2）quod ad legem naturae pertinet omne illud ad quod homo inclinatur secundum suam naturam. Inclinatur autem unumquodque naturaliter ad operationem sibi convenientem secundum suam formam: sicut ignis ad calefaciendum. Unde cum anima rationalis sit propria forma hominis, naturalis inclinatio inest cuilibet homini ad hoc quod agat secundum rationem. Et hoc est agere secundum virtutem. Unde secundum hoc, omnes actus virtutum sunt de lege naturali: dictat enim hoc naturaliter unicuique propria ratio, ut virtuose agat.　佐々木 二〇〇八、一〇八頁。ここから明らかなように、自然法とは、ペルソナのうちに確立された、神の法的な知恵への参与にほかならない（Chenu 2002, p.110)。

（27）*S. T.* I, q.75, a.5, c. forma, inquantum forma, est actus.

（28）註（10）参照。

（29）註（12）参照。

（30）*S. T.* II-II, q.58, a.5, c.　序註（7）参照。

（31）註（30）参照。

（32）*S. T.* I-II, q.90, a.2, c.　第二部第一章註（16）参照。

第二章　正義と他者

第一節　正義の対象——他者への均等性

アクィナスは、『神学大全』第二―二部の第五七問題から第一二二問題にかけて、「正義」について論じている。そして、最初の第五七問題では「権利（ius）」について扱っているが、その第一項で、「権利は正義の対象であるか」を問題としており、その主文で次のように言っている。

ほかの徳の中で、人間を他者に関することがらにおいて秩序づけるということが、正義に固有である。じっさい、正義は、その名自身が証示しているように、何らかの「均等性（aequalitas）」を意味しており、普通、均等化されることが正しくされることであると言われる。しかるに、均等性は他者にかかわる。これに対して、ほかの徳は人間を、自己自身に即して自らに適合することがらにおいてのみ、完成させる。したがって、それへと徳の意図が固有な対象として向かうところの、ほかの徳の営みにおける直しさは、能動者への関係づけによってのみ受け取られる。これに対して、正義の営みにおける直しさは、能動者への関係づけのほかにまた、他者への関係づけによって構成される。(1)

正義は徳であり、人間を善へと秩序づける。しかるに、「人間を他者に関することがらにおいて秩序づける」という点において、正義がほかの徳から区別される。正義以外の徳は、あくまでその徳を有する者の善にかかわっており、「人間を、自己自身に即して自らに適合することがらにおいてのみ、完成させる」。これに対して、正義が成立する地平においては、そこに必ず他者の存在が認められる。正義は他者との関係において人間を完成させるのであり、その意味で他者の善なのである。

このように、正義は他者との関係において人間を秩序づけることから、かかる関係は「均等性」として捉えられる。正義は、他者への均等性を通じて、人間を自己の善および他者の善へと秩序づける。かかる他者への均等性こそ、正義に固有な要素である。正義以外の徳は、人間的行為を正しく秩序づけるように人間を導くわけであるから、「徳の営みにおける直しさは、能動者への関係づけによってのみ受け取られる」。これに対して、正義は他者への均等性にかかわる以上、「正義の営みにおける直しさは、能動者への関係づけのほかにまた、他者への関係づけによって構成される」。他者との関係において、人間を善へと秩序づける徳が正義なのである。

しかるに、他者は、「個別的な仕方で考えられる他者」と「ある共同体の世話をする者は、その共同体のもとに含まれるすべての人間の世話をするということに」そくするところの「一般的な仕方で捉えられる他者」との二通りの仕方で捉えられる(2)。そして、「共同善へと秩序づけられている法的正義は、ほかの個別的なペルソナの善へと秩序づけられる特殊的正義よりも、それによって人間が何らかの仕方で自分自身へと態勢づけられる内的情念へと自らを押しひろげることができる(3)」。したがって、「個別的な仕方で考えられる他者」とは「ほかの個別的なペルソナ」を意味しており、かかる他者への均等性に特殊的正義がかかわる。これに対して、「一般的な仕方で捉えられる他者」とは共同体全体としてとらえられるところの他者であり、かかる他者への均等性に法的正義がかかわる。

法的正義は、共同体としての他者への均等性を通じて、共同善へと秩序づける。他者への均等性が、部分が全体へと秩序づけられるという関係において、全体である共同体へと拡大され、共同体への均等性という観点から人間を共同善への秩序づける正義が法的正義なのである。このように正義は特殊的正義と法的正義に区別されるが、どちらも「人間を他者に関することがらにおいて秩序づける」わけである。

第二節　正義における他者性——人間的行為と正義

「ほかの徳の中で、人間を他者に関することがらにおいて秩序づけるということが、正義に固有である」。では、「個別的な仕方で考えられる他者」の場合、より厳密にどのような人間を意味するのであろうか。アクィナスは、『神学大全』第二―二部第五八問題で、正義それ自体について論じているが、「正義はつねに他者に対するものであるか」を問題にしている第二項の主文で、「正義には人間的行為を直しいものにすることがかかわることから、正義が必要とするこの他者性（alietas）は、行為を為しうるところの種々異なった者たちにおける他者性でなければならない」ゆえに、「本来的に語られる正義は、種々異なった主体（suppositum）を必要とするのであり、それゆえ、一人の人間が他者にかかわる場合にのみ成立する」と言っている[4]。

「正義には人間的行為を正しいものにすることがかかわる」。したがって、「正義は人間を、他者への関連において秩序づける」という場合の他者とは、「人間的行為」の主体でなければならない。じっさい、「理性的本性を持った単一者」が有する名が「ペルソナ」であり[5]、「行為するということは、本性に能動者として帰せられるのではなく、ペルソナに帰せられる[6]」。「正義が必要とするこの他者性は、行為を為しうるところの種々異なった者たちにおける他者性でなければならない」ということは、人間的行為の主体性にそくした他者性を意味している。すなわち、神を範型とした似姿であり、自らのはたらきの主であり、理性的本性を持った単一者としてのペルソナであるところの、「理性的存在である人間」としての「他者」なのである。

それゆえ、正義がかかわるところの行為とは、種々異なったペルソナによって為される人間的行為であり、正義によって、人間は自らの人間的行為が正しくされるだけではなく、他者の人間的行為をも正しく秩序づけられることが可能になる。その意味で、正義は、自己と他者の人間的行為を、「均等性」という観点から共同善へと秩序づける徳である。かくして、「本来的に語られる正義は、種々異なった主体を必要とするのであり、それゆえ、一人の人間が他者にかかわる場合にのみ成立する」わけである。

ところで、「善は目的という性格を、これに対して悪はその反対の性格を持つがゆえに、それへと人間が自然本性的な傾きを持つところのものをすべて、理性は、自然本性的な仕方で、善なるものとして、そしてその結果、行動によって追求すべきものとして捉え、また、それらとは反対のものを、悪であり避けるべきものとして捉える」ということは[7]、「欲求力が何か確定されたものへと傾かされること」から可能になるとしても、「その確定されたものへと能力の自然本性にもとづいて傾かされることはないのであって、その能力は多くの種々異なったものへと関係している」ゆえに[8]、目的へと傾かせる習慣としての徳によってはじめて現実化される。

したがって、「人間が自分自身を動かす、そして、人間が自分自身によって動かされるということにもとづいて成立する人間的行為は、「考量された意志から発出」し、「意志が目的として意図するところのもの」へと「終極づけられる」行為であるから[9]、「正義には人間的行為を正しいものにすることがかかわる」ということは、正義が何よりも意志を正しく秩序づける習慣であるということから可能になる。「能動と受動の構造」にもとづく人間的行為は、正義によって傾かされた意志にもとづいて、他者への均等性を通じて、共同善へと導かれる。そして、そこに「連帯性」の可能性が認められるわけである。

第三節　子と僕――特別な権利

「本来的に語られる正義は、種々異なった主体を必要とするのであり、それゆえ、一人の人間が他者にかかわる場合にのみ成立する」。そして、「人間は、理性と意志によって自らのはたらきの主である」[10]。では、いかなる人間も、正義の対象となる「主体」であると言えるのであろうか。

アクィナスは、「父的な権利（ius paternum）と支配者的な権利（ius dominativum）は特別に区別されるべきであるか」を問題にしている『神学大全』第二―二部第五七問題第四項で、「正しさ（iustum）」の根拠は法であるが、法は国や「王国（regnum）」の共同善にかかわるから、何か、「支配者的な正しさ（iustum dominativum）」や「父的な正しさ（iustum paternum）」というような特別な権利があるべきではないという異論に対して[11]、次のように答えている。

子は、子であるかぎり、「父に属する者」であり、同様の仕方で、僕は、僕であるかぎり、「主に属する者」である。しかし、両者は何らかの人間として考察される場合、ほかの者から区別された、自らにそくして自存する何者かである。それゆえ、両者とも人間であるかぎり、何らかの仕方で両者には正義が存している。そして、このことにそくして、父が子に関することがらに対して、また、主が僕に関することがらに対して、何らかの法が与えられているのである。しかし、両者が他者に属する者であるかぎりにおいては、このことにそくして、そこでは正しさや権利の完全な性格を欠いている[12]。

「隷属と主権の関係は、能動と受動にもとづいて確立され」、「それはすなわち、主によってその命令にそくして動かされるということが僕に属するかぎりにおいてである」[13]。僕は、何より、主の命令によって動かされる者である。そして、そのように動かされるという受動にもとづくかぎり、僕は隷属の位置におかれている。

さらに、「理性的な魂によって生ける道具は、主の命令を通じて僕が何かを為すために動かされるように、自らの意志によって動かされる」[14]。僕は、たしかに、人間であるかぎり、自らのはたらきの主であるペルソナであるが、主の命令によって動かされるかぎりは、主の主権に対して隷属する「生ける道具」として、「僕は、僕であるかぎり、主に属する者である」ということになる。しかしながら、アクィナスにおいて、このような隷属としての受動性は、本来、僕として為すべきはたらきに限定されていると考えられる[15]。

しかるに、「人間的なことがら」のような何らかの限定的な状況において、「ある者は、何らかの仕方で、誰かに属している」というような事態は、それほど珍しいことではなかろう。たとえば、現在の日本においても、民法では、親権の効力に関して、「親権を行うものは、子の監護及び教育をする権利を有し、義務を負う」と規定されている[16]。この場合の「監護及び教育」に関してはいろいろと解釈もあるであろうが、一般に子が親の監督下にあることからして、父は子に対して、「父的な正しさ」としての「父的な権利」を有しているというようなことは、何らかの限定的な意味において理解できよう。同様に、主は僕であるかぎりの僕に対して、主の監督下にあるという意味で、「支配者的な正しさ」としての「支配者的な権利」を有していると考えられる。

第四節　正義と他者——僕の可能性

さて、「子は、子であるかぎり、父に属する者であり、同様の仕方で、僕は、僕であるかぎり、主に属する者である」。このような限定のもとに捉えられる場合、子も僕も、そこに「行為を為しうるところの種々異なった者たちにおける他者性」を見いだすことはできないのであって、その他者性は「誰かに属する者としての他者」としての性格にすぎない。

これに対して、「両者は何らかの人間として考察される場合、ほかの者から区別された、自らにそくして自存する何者かである」。このかぎりにおいて、両者は「行為を為しうるところの種々異なった」主体にほかならない。そしてその場合、かれらは端的な意味での他者として位置づけられよう。

かくして、「両者とも人間であるかぎり、何らかの仕方で両者には正義が存して」おり、「このことにそくして、父が子に関することがらに対して、また、主が僕に関することがらに対して、何らかの法が与えられている」。その一方、あくまで「両者が他者に属する者であるかぎりにおいては」、正義が本来要求する他者性を満たすことができないのであるから、「このことにそくして、そこでは正しさや権利の完全な性格を欠いている」。

しかるに、以上のような他者の二義性にそくして、正義には別の可能性が認められるように思われる。じっさい、「人間であるところの、また人間が為しうる、さらに持つところの全体は、神へと秩序づけられなければならない」[17]。このかぎりにおいて、人間は、神に対して、端的な意味での他者ではなく、「神に属する者としての他者」にほかならない。

そして、人間が神的共同体の部分として持ちうる「能動性」とは、あくまで「受動性を前提にした能動性」であって、「神の摂理に服しているところのものはすべて、永遠法によって規則が課せられ、基準が与えられているのであるから、すべてのものは、永遠法の刻印にもとづいて固有なはたらきと目的への傾きを有するかぎり、何らかの仕方で永遠法を分有していることは明らかである」[18]。

さらに、「すべての被造物は、自然本性的な仕方で、おのおのであるところのものにそくして、神に属しているゆえに、普遍的な善は神自身であり、かかる善のもとに、天使も、また人間やすべての被造物が含まれる」[19]。

これらのことから、自らが「神に属する部分」であると認識する者は、自然本性的な仕方で共同善である神へと秩序づけられることになる。それはちょうど、「政治的徳」を持った「有徳なる市民は、国家全体の保全のために、死の危険へと自らを投げだす」場合、「もし人間がこの国の自然本性的な部分であるならば、かかる傾きは、その人間にとって自然本性的なのであろう」とされるように[20]、「神に属する者としての他者」として神へと秩序づけられるわけである。

じっさい、人間と神のあいだに何らかの正義が見いだされうるとしても、そこに、「正しさや権利の完全な性格」が存するとは考えられない。なぜなら、「正義は、その名自身が証示しているように、何らかの均等性を意味して」いるが、このような均等性を人間と神のあいだに認めることは不可能だからである。

しかしながら、「キリストにおける人間本性は、固有な意志によって動かされるかぎり、神性の道具」であることから[21]、キリストは「人間であるかぎり、我々にとって神へと向かう道である[22]」。そして、この点にこそ、人間が自らのはたらきの主であるということから導きだされる、「僕の可能性」が存している。それは、「ちょうど部分が全体の善へと秩序づけられるように、直しき理性と自然本性の誘発にそくして、おのおのの者は自ら自身を神へと秩序づける」という可能性にほかならない[23]。

註

（1）*S.T.*II-II, q.57, a.1, c. iustitiae proprium est inter alias virtutes ut ordinet hominem in his quae sunt ad alterum, ut ipsum nomen demonstrat: dicitur enim vulgariter ea quae adaequantur iustari. Aequalitas autem ad alterum est. Aliae autem virtutes perficiunt hominem solum in his quae ei conveniunt secundum seipsum. Sic igitur illud quod est rectum in operibus aliarum virtutum, ad quod tendit intentio virtutis quasi in proprium obiectum, non accipitur nisi per comparationem ad agentem. Rectum vero quod est in opere iustitiae, etiam praeter comparationem ad agentem, constituitur per comparationem ad alium.　佐々木 二〇〇八、二二九頁。

（2）*S.T.*II-II, q.58, a.5, c.　序註（7）参照。

（3）*S.T.*II-II, q.58, a.9, ad 3.　第二部第一章註（13）参照。

（4）*S.T.*II-II, q.58, a.2, c. Et quia ad iustitiam pertinet actus humanos rectificare, ut dictum est（I-II, q.60, a.2; q.61, a.3; q.113, a.1), necesse est quod alietas ista quam requirit iustitia, sit diversorum agere potentium.... Iustitia ergo proprie dicta requirit diversitatem suppositorum: et ideo non est nisi unius hominis ad alium.　佐々木 二〇〇八、一三二頁。

（5）*S.T.*I, q.29, a.1, c.　第一部第三章註（17）参照。

（6）*S.T.*III, q.20, a.1, ad 2.　第一部第三章註（13）参照。

（7）*S.T.*I-II, q.94, a.2, c.　第二部第三章註（2）参照。

（8）*S.T.*I-II, q.50, a.5, ad 1.　第三部第一章註（21）参照。

（9）*S.T.*I-II, q.1, a.3, c.　第一部第三章註（15）参照。

（10）*S.T.*I-II, q.1, a.1, c.　第一部第一章註（3）参照。

（11）*S.T.*II-II, q.57, a.4, ag.2, ratio iusti est lex, ut dictum est（a.1, ad 2). Sed lex respicit commune bonum civitatis et regni, ut supra（I-II, q.90, a.2) habitum est.... Non ergo debet esse aliquod speciale ius vel iustum dominativum vel paternum.

（12）*S. T.*II–II, q.57, a.4, ad 2, filius, inquantum filius, est aliquid patris; et similiter servus, inquantum servus, est aliquid domini. Uterque tamen prout consideratur ut quidam homo, est aliquid secundum se subsistens ab aliis distinctum. Et ideo inquantum uterque est homo, aliquo modo ad eos est iustitia. Et propter hoc etiam aliquae leges dantur de his quae sunt patris ad filium, vel domini ad servum. Sed inquantum uterque est aliquid alterius, secundum hoc deficit ibi perfecta ratio iusti vel iuris. このテキストの前半部分の翻訳が、佐々木 二〇〇八、一三六頁に掲載されている。

（13）註（6）参照。

（14）*S. T.*III, q.18, a.1, ad 2. 第二部第一章註（26）参照。

（15）本書第1部第三章註（14）参照。

（16）民法第八二〇条

（17）*S. T.*I–II, q.21, a.4, ad 3. 序註（3）参照。

（18）*S. T.*I–II, q.91, a.2, c. 第二部第二章註（1）参照。

（19）*S. T.*I, q.60, a.5, c. 第二部第三章註（12）参照。

（20）註（19）参照。

（21）註（14）参照。このことは、キリストの人間本性が神なる御言の完全なる支配下にあることを意味している（Hoogland 2003, p.260）。

（22）*S. T.*I, q.2, intro. 第一部第一章註（7）参照。ドッズは、キリストの人間本性が生ける道具であることとの関連から、おのおのの人間がキリストの王国設立における道具である可能性を示している（Dodds 2004, p.106）。

（23）*De Perf. Vitae Spirit.* c.13, n.634. 序註（6）参照。

第三章　神的共同体と正義

第一節　共同善とペルソナの善――法的正義と特殊的正義

さて、「部分はすべて全体へと、不完全なものが完全なものに対するように秩序づけられており、一人の人間は、完全な共同体の部分である」[1]。このように、「不完全なものが完全なものに対する」という仕方で、自己も他者も共同体へと秩序づけられる。すなわち、おのおのの人間は、共同体の部分であるかぎり、「不完全なのもの」であるのに対し、共同体は全体であるかぎり、「完全なもの」なのである。

この「完全性」や「不完全性」は、「共同善」と「ペルソナの善」との関係から解することができよう。じっさい、共同善のうちにおのおののペルソナの善は見いだされるのであるから、このかぎりにおいて、共同善はペルソナの善よりも完全なのである。「全体の善がそのいかなる部分にとっても目的であるように、共同善は、共同体のうちに存在している個別的な個々のペルソナにとっての目的」である[2]。そして、共同善が個々のペルソナの目的である以上、ペルソナの善は共同善へと秩序づけられなければならない。

しかるに、「いかなる徳の善も、それがある人間を自分自身へと秩序づけるとしても、自らをほかの何らかの個別的な複数のペルソナへと秩序づけるとしても、それへと正義が秩序づけるところの共同善にまで帰せられうる」[3]。

そして、「自らをほかの何らかの個別的な複数のペルソナへと秩序づける」という場合の、個別的なペルソナにかかわる徳が、「ほかの個別的なペルソナの善へと秩序づけられる特殊的正義」である[4]。

法的正義と特殊的正義と相違は、第一義的に秩序づける善が、「共同善」であるか、「ほかの個別的なペルソナの善」であるか、ということにもとづいている。じっさい、「実践理性がかかわるところの、実践的なことがらにおける第一の根源は究極目的」であり、「人間的な生に関する究極目的とは、幸福、ないし至福である」ゆえに、「法は、最高度に、至福へと存する秩序づけにかかわらなければならない」が、「法は、本来、共通の幸福への秩序づけにかかわることは必然」であるから、「それゆえ、すべての法は、共同善へと秩序づけられている」[5]。そして、法による共同善への秩序づけにそくして、共同善へと第一義的に秩序づける正義が法的正義と言われる。

法はまず、最高度の仕方で、「至福へと存する秩序づけ」に関係している。たしかに、「意志は、必然にもとづいて至福である究極目的に密着」しており[6]、「至福であるところの、完全な善だけは、理性はこれを悪の、あるいは何らかの欠陥という性格のもとに捉えることはできない」ことから、「必然にもとづいて人間は至福を欲しているのであって、至福者ではないことや悲惨なる者であることを欲することはできない」[7]。

したがって、「ペルソナの善」とは、このような究極目的である至福への秩序づけにもとづいて捉えることができるであろう。その一方、法は、かかる至福への秩序づけを通じて、「共同善へと秩序づけられている」。それゆえ、至福である究極目的への秩序づけの延長線上に共同善への秩序づけが捉えられる。ペルソナの善は、本来、共同善へと秩序づけられる仕方で、求められなければならない。

かくして、法的正義は、「いかなる徳の善も」、「それへと正義が秩序づけるところの共同善にまで帰せられうる」ということにもとづいて、「一般的な徳」として[8]、人間を全体としての共同善へと秩序づけることに第一義的に直接的な仕方でかかわっている。これに対して、特殊的正義は、共同善への秩序づけを前提にしたうえで、「自らをほかの何らかの個別的な複数のペルソナへと秩序づける」という仕方で、人間を部分としてのペルソナの善へと秩序づけることに第一義的に直接的な仕方でかかわっている。

第二節　配分的正義と交換的正義――全体に対する部分

このように、法的正義と特殊的正義が区別されるということは、共同体とペルソナの関係を正しく秩序づけるためには、法的正義だけでは不十分だからであると考えられる。じっさい、おのおののペルソナの善に対して直接的な仕方で秩序づけるところの正義がなければ、ペルソナの超越性が保障されない可能性もある。その意味で、特殊的正義は「ペルソナと共同体の関係」にかかわる、きわめて重要な正義である。ただし、特殊的正義が共同善への秩序づけを離れて成立しているわけではない。「特殊的正義」は、あくまで「正義」であるかぎり、共同善へと秩序づけられており、その秩序づけを前提にして個別的な個々のペルソナ善へと秩序づけるのである。

しかるに、かかる特殊的正義はさらに、「配分的正義（iustitia distributiva）」と「交換的正義（iustitia commutativa）」にわけられる。アクィナスは、『神学大全』第二―二部第六一問題第二項で、「配分的正義と交換的正義において、中庸（medium）は同一の仕方で受けとられるか」を論じており、その主文で、次のように言っている。

配分的正義では、全体に属するところのものが部分へと「帰すべき（debitus）」であるかぎりにおいて、ある「私的なペルソナ（private persona）」に何かが与えられる。しかるに、その何かは、部分そのものが全体においてより大きな「重要性（principalitas）」を持つに応じて、より大きなものとなる。それゆえ、配分的正義においては、あるペルソナが共同体においてより大きな重要性を持つことにそくして、それだけ共同善からより多くそのペルソナに与えられる。（中略）それゆえ、配分的正義においては、事物の事物に対する均等性にそくしてではなく、事物のペルソナに対する「対比性（proportio）」にそくして中庸が受けとられる。すなわち、一人のペルソナがほかのペルソナよりすぐれている際、前者に与えられる事物が後者に与えられる事物よりもまさっているような仕方である。（中略）これに対して、交換的正義において、ある個別的ペルソナに何かが帰属せしめられるのは、受けとられたその人の事物であるという理由からである。このことは、「購入（emptio）」や「売却（venditio）」において、もっとも明らかであって、そこに「交換（commutatio）」の性格が第一に見いだされる。(9)

特殊的正義は、「ほかの個別的なペルソナの善へと秩序づけられる」という仕方で、共同体における部分にかかわる。しかるに、配分的正義の場合、「全体に属するところのものが部分へと帰すべきであるかぎりにおいて、ある私的なペルソナに何かが与えられる」。ここから明らかなように、配分的正義は「部分に対する全体」という仕方で、ペルソナの善にかかわっている。これに対して、交換的正義は、「ある個別的ペルソナに何かが帰属せしめられるのは、受けとられたその人の事物であるという理由からである」という点からしても、「部分と部分の交換」を秩序づけるという仕方で、ペルソナの善にかかわる。

したがって、特殊的正義はペルソナの善を秩序づけるが、ペルソナは共同体の部分であるから、「部分を秩序づける正義」ということになり、「部分に対する秩序」としては、「全体が部分に対する秩序」と「部分が部分に対する秩序」が区別される。そして、前者が、全体の善を部分に配分する配分的正義によって秩序づけられ、「あるペルソナが共同体においてより大きな重要性を持つことにそくして、それだけ共同善からより多くそのペルソナに与えられる」。これに対して、後者は、お互いが共同体の部分であるところの、個別的なペルソナどうしの関係にもとづいているので、交換的正義によっておのおのの善が秩序づけられ、「このことは、購入や売却において、もっとも明らかであって、そこに交換の性格が第一に見いだされる」。

第三節　配分と交換――自助と公助

受けとられたその人の事物の、「事物の事物に対する均等性にそくして」、その人に何かを与える際、かかる交換を「他者への均等性」にもとづいて秩序づける正義が交換的正義である。これに対して、配分的正義では、「一人のペルソナがほかのペルソナよりすぐれている際、前者に与えられる事物が後者に与えられる事物よりもまさっているような仕方で」、「事物のペルソナに対する対比性にそくして中庸が受けとられる」。全体である共同体はけっして一義的ではなく、多元的な秩序のもとに多層的な仕方で成立している。しかるに、どのような共同体であれ、人間をある個別的なペルソナの善へと直接的な仕方で秩序づけるという点からは、全体としての共同体が部分としてのペルソナに対する秩序が問題になる。これを導く正義が「配分的正義」なのである。ペルソナと共同体の関係は、「部分の部分に対する」秩序と「全体の部分に対する」の秩序によって具体的に成立している。したがって、交換的正義と配分的正義は、共同体の根幹を形成する正義として位置づけられる。

かくして、配分的正義は、「共同善」の配分にかかわる。問題は、「あるペルソナが共同体においてより大きな重要性を持つことにそくして、それだけ共同善からより多くそのペルソナに与えられ」、「事物のペルソナに対する対比性にそくして中庸が受けとられる」という点である。

この「対比性」とは、「部分であるペルソナが共同体全体において有する重要性の度合い」を意味していると言えよう。しかるに、この場合の「重要性」は、それぞれの共同体において、多様な仕方で捉えられうる。さらに、この「重要性」が、誰によって、どのような基準で判断され、示されるかは明らかではない。ただし、「法とは、ある完全な共同体を統宰する統治者における、実践理性の何らかの命令にほかならない」という点から、[10]とりあえず、かかる判断は「共同体を統宰する統治者」によるということになるであろう。

これに対して、交換的正義は、一般に二人のペルソナ相互のあいだで成立する正義である。そして、「このことは、購入や売却において、もっとも明らかであって、そこに交換の性格が第一に見いだされる」。じっさい、貨幣を媒介とした交換によって、我々の社会的生活は成り立っている。この「交換的正義」は、「配分的正義」を前提にして成立していると考えられる。じっさい、交換に必要な財は、何らかの仕方で先に配分されていなければならない。先に配分されていないものを他者に与えることはできないであろう。

ところで、いわゆる「自助・共助・公助」という三層的理解が、神的共同体論における正義や人間のあり方に関する解釈に、重要な視点となるように思われる。[11]まず、究極目的への運動が人間の自由と主権のもとに展開されていると考えられるかぎり、ペルソナとしての「自由と自助」が神的共同体の一つの前提である。これに対して、神の恩恵なくしては、超自然への運動そのものが成立しえない以上、人間の側からは要求することができないにしても、「公正と公助」が根元的な仕方でこの神的共同体を支えている。それはまさに「求めなさい。そうすれば、与えられる。」（ルカ一一・九）という言葉によりすがるところの「神的公助」にほかならない。さらに、「互いに愛し合いなさい。わたしがあなたがたを愛したように、あなたがたも互いに愛し合いなさい。」（ヨハ一三・三四）ということからも、ペルソナである人間どうしが、ともに助けあい、連帯するという、「連帯と共助」が、神的共同体において求められている。

したがって、人間における連帯性は、個々人の自由を前提にするとしても、かかる自由に対立するものであってはならない。また、それ自体で完結する連帯性ではなく、あくまで神的共同体へと開かれていなければならない。

それは、神的共同体における連帯性にもとづくところの、共助の可能性である。

その一方、「あるペルソナが共同体においてより大きな重要性を持つことにそくして、それだけ共同善からより多くそのペルソナに与えられる」という公正にそくした公助（それは国家にかぎらず、さまざまな共同体において多元的に捉えられうる）にもとづく配分が、自助としての交換を可能にしているともいえるのではないだろうか。

たとえば、何らかの仕事によってえられる報酬は、「労働にもとづく交換」であるにしても、そのような労働を可能にする仕事は、秩序としてそれ以前に「配分」されていなければならない。その意味で、配分が交換の前提になっているかぎり、共同体における公正と公助が、部分であるペルソナの自由と自助を可能にする条件になっている。この点は、神的共同体の理解にとっても重要であろう。なぜなら、我々の自由や主権そのものも、神からの「公助」のうちに成りたっているからである。

第四節　神的共同体と正義――共助の可能性

さて、「ちょうど部分が全体の善へと秩序づけられるように、直しき理性と自然本性の誘発にそくして、おのおのの者は自ら自身を神へと秩序づける」が、「このことはたしかに、愛徳によって完成される[12]」。それゆえ、神的共同体において、人間は共同善である神へと法的正義によって秩序づけられ、このことは愛徳によって完成へと導かれる。

では、これに対して、特殊的正義は神的共同体において、どのように位置づけられるのであろうか。アクィナスは、『神学大全』第一部第二一問題で、神の正義と「憐れみ（misercordia）」について扱っているが、その第一項で、「神のうちに正義は存するか」を問題にしており、その主文で次のように言っている。

正義には二通りの種がある。一つは、相互の「授与（datio）」と「受納（acceptio）」において成立するもので、それはたとえば、「購入」や「売却」、あるいはほかの「交わり（communicatio）」や「交換」において成立している。これが、『倫理学』第五巻における哲学者によって「交換的正義」、あるいは、「交換や交わりを導く正義」と呼ばれている。そして、この正義は神に適合しない。なぜなら、ロマ一一・三五で使徒が「だれがまず主に与えて、その報いを受けるであろうか」と言っているからである。もう一つは、配分することにおいて成立している。これは、「配分的正義」と言われ、それにそくして、ある「統宰者（gubernator）」や「管理者（dispensator）」が、おのおの者に、その者の「価値（dignitas）」にしたがって与えるところの正義である。それゆえ、「家族（familia）」や統宰されているいかなる「集団（multitudo）」にもふさわしい秩序が、統宰者における配分的正義を証示するように、自然的なことがらにおいても、意志的なことがらにおいても明らかである「宇宙の秩序（ordo universi）」が、神の正義を証示するのである[13]。

「交換的正義において、ある個別的ペルソナに何かが帰属せしめられるのは、受けとられたその人の事物であるという理由から」であり、「このことは、購入や売却において、もっとも明らかであって、そこに交換の性格が第一に見いだされる」。しかるに、この交換的正義は神にふさわしくない。

そもそも、「ほかの徳の中で、人間を他者に関することがらにおいて秩序づけるということが、正義に固有である」が、「正義は、その名自身が証示しているように、何らかの均等性を意味しており」、「均等性は他者にかかわる[14]」。しかるに、人間と神のあいだに何らかの連関性が認められるにしても、それはただちに「均等性」という名に値するものではない。じっさい、「人間は神へと、神が目的であるように秩序づけられているが、この目的は理性による把握を超えている」[15]。

人間は自然本性的な仕方で超自然本性的な目的へと秩序づけられている。そして、「人間であるところの、また人間が為しうる、さらに持つところの全体は、神へと秩序づけられなければならない」[16]。すなわち、人間が神へと全体的に秩序づけられている以上、人間と神とのあいだに本来の、そして厳密な意味での「他者への均等性」が成立するとは考えられない。

これに対して、「世界が神的な摂理によって支配されていることを認めるならば、宇宙の共同体全体が神的な理念によって統宰されているということは明らかである」[17]。すべての存在は、その存在にそくして、神の摂理のもとにあり、神によって統宰されている。そして、「配分的正義では、全体に属するところのものが部分へと帰すべきであるかぎりにおいて、ある私的なペルソナに何かが与えられる」のであるから、この正義は神の統宰に適合している。そのため、「自然的なことがらにおいても、意志的なことがらにおいても明らかである宇宙の秩序が、神の正義を証示するのである」。

人間が神の似姿であることも、自らのはたらきの主であることも、ペルソナであることも、何らかの仕方ですでに配分されている。それはおそらく、「理性的本性」という「価値にしたがって」配分されているのであろう。しかし、このことから、人間としての完成がそのまま帰結されるわけではない。「理性的被造物は自由意思によって自らのはたらきの主権を有するから、何らかの特別な仕方で神の摂理に服して」おり、「かかる被造物には、何かが罪科ないし功徳へと帰せられ、また、罰ないし報いとして何かが与えられる」からである[18]。

たしかに「公正と公助」に関して、人間は神に何か要求しうるものを有しているわけではない。しかし、宇宙の秩序によって示される神の「配分的正義」のうちに、公正と公助をより頼むことが可能となり、配分が交換の前提となる仕方で、ペルソナである人間の「自由と自助」が成立している。人間が自らのはたらきの主であるという

「自由と自助」は、神的共同体における「公正と公助」のもとに解されなければならないのであり、さらにかかる「自由と自助」は、「他者への均等性」を通じて、神的共同体での「共助と連帯」へと秩序づけられている。神的共同体における共助の可能性は、神的公助のうちに見いだされうるのである[19]。

註

（1）*S.T.*I-II, q.90, a.2, c.　第二部第一章註（16）参照。

（2）*S.T.*II-II, q.58, a.9, ad 3.　第二部第一章註（13）参照。ここから明らかなように、共同善の重要性が個的ペルソナに関する不当な処遇を通常帰結するわけではない（Pope 2002, p.41）。

（3）*S.T.*II-II, q.58, a.5, c.　序註（7）参照。なお、アクィナスにおいて、共同善とペルソナの善とのあいだには、密接な関係がある（Porter 1990, p.125）。

（4）註（2）参照。

（5）註（1）参照。

（6）*S.T.*I, q.82, a.1, c.　第二部第一章註（18）参照。

（7）*S.T.*I-II, q.13, a.6, c.　第二部第二章註（12）参照。

（8）註（3）参照。

（9）*S.T.*II-II, q.61, a.2, c. in distributiva iustitia datur aliquid alicui privatae personae inquantum id quod est totius est debitum parti. Quod quidem tanto maius est quanto ipsa pars maiorem principalitatem habet in toto. Et ideo in distributiva iustitia tanto plus alicui de bonis communibus datur quanto illa persona maiorem principalitatem habet in communitate... Et ideo in iustitia distributiva non accipitur medium secundum aequalitatem rei ad rem, sed secundum proportionem rerum ad personas: ut scilicet, sicut una persona excedit aliam, ita etiam res quae datur uni personae excedit rem quae datur alii... Sed in commutationibus redditur aliquid alicui singulari personae propter rem eius quae accepta est; ut maxime patet in emptione et venditione, in quibus primo invenitur ratio commutationis. なお、どちらの正義においても、公平であることが正しいこととなる（Stump 2003, p.317）。また、交換的正義は、所有物、ペルソナ、仕事という三つの領域において特に適合される（Selman 2007, p.131）。そして、共同善は根本的には個々人の善であるということも重要であろう（Finnis 1980, p.168）。

（10）*S. T.* I-II, q.91, a.1, c. 第一部第一章註（8）参照。

（11）筆者は、永合位行神戸大学大学院経済学研究科教授を研究代表者とした科研費による共同研究、「多元的秩序構想における経済学統合化の試み——中間組織の経済倫理学に向けて——」（基盤研究（C）21530181：二〇〇九年度～二〇一二年度）、「統合的経済倫理学に基づく多元的秩序理論の構築——中間組織の統合的把握に向けて——」（基盤研究（C）25380250：二〇一三年度～二〇一六年度）、およびに、「統合的経済倫理学に基づくポスト福祉国家レジームの構築：多元的秩序構想の実践的展開」（基盤研究（B）17H02505：二〇一七年度～二〇二一年度）に、研究分担者の一人として参加している。「中間組織」とは、国家でもなく市場でもないという仕方で位置づけられ、「市場が自由と自助を、国家が公正と公助をそれぞれ基本原則とするのに対し、これらの中間組織の基本原則は、連帯と共助にこそある」（永合 二〇一一、七頁）。また、この点に関して、かかる共同研究の研究分担者の一人である鈴木純神戸大学大学院経済学研究科准教授によると、自助－共助－公助という三層的理解は、今や経済秩序論や経済政策論のみならず、社会保障政策や地方分権の議論などにおいても広く用いられている（鈴木 二〇一四、一五三頁）。

（12）*De Perf. Vitae Spirit.* c.13, n.634. 序註（6）参照。

（13）*S. T.* I, q.21, a.1, c. duplex est species iustitiae. Una, quae consistit in mutua datione et acceptione. Ut puta quae consistit in emptione et venditione, et alia huiusmodi communicationibus vel commutationibus. Et haec dicitur a Philosopho, in V *Ethic.*, iustitia commutativa, vel directiva commutationum sive communicationum.

Et haec non competit Deo: quia, ut dicit Apostolus, *Rom.*11, [35]: quis prior dedit illi, et retribuetur ei? Alia, quae consistit in distribuendo: et dicitur distributiva iustitia, secundum quam aliquis gubernator vel dispensator dat unicuique secundum suam dignitatem. Sicut igitur ordo congruus familiae, vel cuiuscumque multitudinis gubernatae, demonstrat huiusmodi iustitiam in gubernante; ita ordo universi, qui apparet tam in rebus naturalibus quam in rebus voluntariis, demonstrat Dei iustitiam. このテキストの部分的翻訳が佐々木二〇〇八、一五四頁に掲載されている。ここから明らかなように、神の本性に適合するもののみが、倫理的な意味で善なのである（Stump, Kretzmann 2002, p.315）。

（14）*S. T.* II-II, q.57, a.1, c.　第三部第二章註（1）参照。

（15）*S. T.* I, q.1, a.1, c.　第一部第一章註（1）参照。

（16）*S. T.* I-II, q.21, a.4, ad 3.　序註（3）参照。

（17）註（10）参照。

（18）*S. T.* I, q.22, a.2, ad 5.　第二部第二章註（10）参照。

（19）本書の先行研究としての経済倫理学的研究に関しては、キリスト教思想の観点から経済倫理学の問題を論じている多くの優れた研究が認められる。じっさい、ヨハネス・メスナーに代表される、いわゆるカトリック社会論は、現代においても大きな影響を与えていると言えよう。しかし、筆者が調べたかぎり、『神学大全』第二—二部第五八問題第五項主文の「この正義によって、人間は、すべての徳のはたらきを共同善へと秩序づけるところの法に、一致する」という個所から「共助と連帯性」を論じている研究を見いだすことができなかった。このことに関しては、さらなる文献調査が必要であるが、研究史的な観点からは、「自助—共助—公助」という三層的な考えがいわゆる「補完性の原理」とともに展開されてきたこと、そしてこの点に『レールム・ノヴァルム』と『クワドラジェジモ・アンノ』という二つの回勅が深くかかわっているということは、非常に重要であると言えよう（野尻二〇〇六、一七六—一七七頁）。しかるに、カトリック社会論にアクィナスが多大な影響を与えているとしても、この理論の目的はアクィナス研究そのものではなく、あくまで経済倫理の構築にあると考えられる。これに対して、本書でめざしているのは、新しい経済倫理の構築ではなく、経済倫理学的アプローチをも用いた神的共同体の解明であり、ここに学術的な新しさがあると言えよう。

第四部　神的共同体における連帯性

第一章　神的共同体と神の正義

第一節　ペルソナに対する対比性——自然と超自然

配分的正義とは、「それにそくして、ある統宰者や管理者が、おのおのの者に、その者の価値にしたがって与えるところの正義」であり、「自然的なことがらにおいても、意志的なことがらにおいても明らかである宇宙の秩序が、神の正義を証示する(1)」。神の正義は、配分的正義の性格にそくして捉えられる。すべてのものは神によって統宰されており、そのものの本性にそくして、「その者の価値にしたがって」、何かが神から配分されている。

しかるに、「正義は、その名自身が証示しているように、何らかの均等性を意味しており」、「均等性は他者にかかわる(2)」。すなわち、正義とは、もともと人間を「他者への均等性」にそくして、「共同善」へと秩序づける徳である。このことを、そのまま神に当てはめることはできないとしても、正義という名が用いられているかぎり、神の正義においても、そこに何らかの仕方で、「他者への均等性」が見いだされなければならない。

じっさい、「正義が必要とするこの他者性は、行為を為しうるところの種々異なった者たちにおける他者性でなければならない」ゆえに、「本来的に語られる正義は、種々異なった主体を必要とするのであり、それゆえ、一人の人間が他者にかかわる場合にのみ成立する(3)」。このように、正義が必要とする他者とは、あくまで行為の主体となる存在である。そして、かかる正義の特質にかかわる他者性は、神の正義においても保たれている。なぜなら、「宇宙の秩序が、神の正義を証示する」という場合の「宇宙の秩序」には、「行為を為しうるところの種々異なった者たち」がそこに存在する共同体としての秩序が含まれ、配分的正義は、「それにそくして、ある統宰者や管理者が、おのおのの者に、その者の価値にしたがって与えるところの正義」であるから、この場合の「価値」とは、似姿や主としての個別的ペルソナが有する完全性であるとしても、あくまで正義という観点からは、「他者への均等性」にもとづいていると考えられるからである。

そもそも配分的正義は、「ほかの個別的なペルソナの善へと秩序づけられる特殊的正義」であり[4]、「一人のペルソナがほかのペルソナよりすぐれている際、前者に与えられる事物が後者に与えられる事物よりもまさっているような仕方で」、「事物のペルソナに対する対比性にそくして中庸が受けとられる[5]」。そして、この「ペルソナに対する対比性」のうちに、「その者の価値にしたがって」という「他者への均等性」が、何らかの仕方で成立していると考えられる。

たしかに人間は、「神から道具のごとく動かされるが、しかしこのことは、先に述べられたことから明らかなように、人間が自由意思によって自らを動かすということを排除するものではない」ことから、「人間は自らの行為によって、神のまえにおいて、功徳に値したり、悪業をつむのである[6]」。自らのはたらきの主としての人間的行為の性格にそくして、その行為には功徳や悪業が帰せられる。そこに人間に対する神の正義が、「他者への均等性」という仕方で成立していると言えよう。その場合、人間は神に属する他者として位置づけられる。

ところで、「理性的被造物自身においては、それによってしかるべきはたらきと目的への自然本性的な傾きを有するところの、永遠なる理念が分有されている[7]」。かかる「分有」が「自然法」であるが、この自然法は、永遠法という超自然本性的な統宰理念とのかかわりのもとに成立している。

したがって、人間が神を範型とする似姿であるということも、自らのはたらきの主であるということも、我々にとっては自然本性的なことではあるが、それ自体は超自然的である永遠法との関連において成立している。それゆえ、「理性的被造物は自由意思によって自らのはたらきの主権を有するから、何らかの特別な仕方で神の摂理に服して」おり、「かかる被造物には、何かが罪科ないし功徳へと帰せられ、また、罰ないし報いとして何かが与えられる」ということは、(8) 我々にとって「自然本性的な領域」と「超自然本性的な領域」の双方にかかわっている。

第二節　神としかるべきもの――神の知恵の秩序

「全体の善がそのいかなる部分にとっても目的であるように、共同善は、共同体のうちに存在している個別的な個々のペルソナにとっての目的である(9)」。共同体とペルソナの関係は、全体と部分の関係であり、部分は全体の善を目的とすることから、共同善はペルソナにとっての目的となる。共同体の部分であるペルソナは、部分として、全体の善である共同善へと秩序づけられている。

ただし、この秩序づけは、ペルソナが単に個別的な仕方で共同善に対するのではなく、あくまで、他者への均等性において秩序づけると考えられる。人間は他者を通じて共同善へと秩序づけられうるのであり、この点は、個人主義的な傾向から逃れ難い現代の我々にとって、きわめて重要な意味を有している。じっさい、正義ではなく愛の次元で捉えた場合、神への愛と隣人への愛は、表裏一体なのである。すなわち、共同善である神を愛することは、他者である隣人を愛することに通じている。

ところで、配分的正義とは、「それにそくして、ある統宰者や管理者が、おのおのの者に、その者の価値にしたがって与えるところの正義」であり、「自然的なことがらにおいても、意志的なことがらにおいても明らかである宇宙の秩序が、神の正義を証示する」。したがって、神の正義は、「おのおのの者に、その者の価値にしたがって与える」ことを意味している。では、それはどのような仕方で為されるのであろうか。

アクィナスは、前章で引用した「神のうちに正義は存するか」を論じている『神学大全』第一部第二一問題第一項で、「正義のはたらきはしかるべきもの（debitum）を返すことである」が、「しかし、神はけっして負い目のある者（debitor）ではない」から、「神に正義は適合しない」という異論に対して[10]、次のように答えている。

おのおのにとって、自分自身のものであるところのものがしかるべきである。しかるに、ある者にとって自分自身のものであるものは、その者に秩序づけられているものであると言われる。ちょうど、僕が主のものであるが、その逆はありえないのであって、じっさい、「自由（liberum）」とは「自らの原因である（sui causa est）」ということなのである。（中略）したがって、「しかるべきもの」は、神のはたらきにおいて、二通りの仕方で認められうる。それは、「何かが神にしかるべきである」ということにそくしてか、「何かが被造の事物にしかるべきである」ということにそくしてかである。そして、どちらの仕方によっても神はしかるべきものを返される。じっさい、神には、自らの智恵と意志を持つところのものが、そして、自らの善性を明示するところのものが、諸事物において満たされる、ということがしかるべきである。このことにそくして、神の正義は自らの「適切さ（decentia）」にかかわっているが、それは自らにしかるべきものを自らに返すということにもとづいてである。さらにまた、ある被造の事物には、それ自身へと秩序づけられるところのものを持つということがしかるべきである。それはちょうど、人間にとって、手を持つことや、ほかの諸動物が人間に仕えることがしかるべきであるようにである。そして、この仕方でもまた、神は、おのおののものに、そのものの本性や状態という性格にそくして、そのものにしかるべきものを与える際、正義を為している。しかし、このしかるべきものは第一のものに依存している。なぜなら、神の知恵の秩序にしたがって、そのもの自身へと秩序づけられるところのものが、おのおののものにとってしかるべきだからである。この仕方で神が何かにしかるべきものを与えるとしても、しかしながら、神自身は、「負い目のある者」ではない。なぜなら、神自身がほかのものへと秩序づけられているのではなく、かえってむしろ、ほかのものが神自身へと秩序づけられているからである。そして、それゆえ、正義は、ある時は神において自らの善性への「承認（condecentia）」であると、またある時は「功徳」に対する「返報（retributio）」であると言われる。(11)

「おのおのにとって、自分自身のものであるところのものがしかるべきである」。じっさい、たとえば他者の所有物のように、自分自身のものではないものは、その者にとってしかるべきではない。さらに、「自分自身のもの」とは、「その者に秩序づけられているものである」。僕は主の道具であるかぎり、主に秩序づけられているから、そのかぎりにおいて主にとっては「自分自身のもの」となる。「自由とは自らの原因である」が、僕は主の命令によって動かされるかぎり、そこに自由は成立しない。

しかるに、「しかるべきものは、神のはたらきにおいて、二通りの仕方で認められうる」のであり、それは、「何かが神にしかるべきである」ということと、「何かが被造の事物にしかるべきである」ということにそくしてである。神に秩序づけられているものが、神にとってしかるべきであるが、かかる秩序づけには、神自身に関するものと、被造物に関するものが区別される。そして、「どちらの仕方によっても神はしかるべきものを返される」。神にしかるべきものは神に返され、被造の事物にしかるべきものは、そのものに返される。

前者では、「神には、自らの智恵と意志を持つところのものが、そして、自らの善性を明示するところのものが、諸事物において満たされる、ということがしかるべきである」。たしかに、「世界が神的な摂理によって支配されていることを認めるならば、宇宙の共同体全体が神的な理念によって統宰されているということは明らかである」(12)。諸事物は、神の創造によって存在へといたり、神の統宰によって究極へと導かれる。したがって、諸事物においては、そこに神の「智恵と意志を持つところのもの」が、そして、神の「善性を明示するところのもの」が、何らかの仕方で「満たされる」ことになる。このことは、「自らにしかるべきものを自らに返すということにもとづいて」いるから、この場合、「神の正義は自らの適切さにかかわっている」。「何かが神にしかるべきである」というものを神が自らに返すという「適切さ」に、神の正義はかかわっているのである。

これに対して、後者では、「人間にとって、手を持つことや、ほかの諸動物が人間に仕えることがしかるべきであるように」、「ある被造の事物には、それ自身へと秩序づけられるところのものを持つということがしかるべきである」。諸事物には、そのものの本性にそくして、自らに秩序づけられているものがしかるべきであり、たとえば、非理性的動物には、自然本性的な傾きによって動かされるというような、その本性にそくして秩序づけられているところのものを持つことがしかるべきであり、人間には、神を範型とする似姿であるということのように、その理性的本性にそくして秩序づけられているところのものを持つことがしかるべきである。そして、「この仕方でもまた、神は、おのおののものに、そのものの本性や状態という性格にそくして、そのものにしかるべきものを与える際、正義を為している」。かかる正義が、「それにそくして、ある統宰者や管理者が、おのおのの者に、その者の価値にしたがって与えるところの正義」であるところの、配分的正義である。「そのものの本性や状態という性格」とは、神にとって、「その者の価値」にほかならない。

しかるに、後者の意味でのしかるべきものは、前者に依存している。「神の知恵の秩序にしたがって、そのもの自身へと秩序づけられるところのものが、おのおののものにとってしかるべきだからである」。すなわち、「何かが被造の事物にしかるべきである」としても、このことは、「自らの智恵と意志を持つところのものが、そして、自らの善性を明示するところのものが、諸事物において満たされる」ということにもとづいている。被造物にとってしかるべきであるものは、「そのもの自身へと秩序づけられるところのもの」であるが、かかる秩序づけは、「神の知恵の秩序」にほかならない。

さらに、「神自身がほかのものへと秩序づけられているのではなく、かえってむしろ、ほかのものが神自身へと秩序づけられているから」、「神自身は、負い目のある者ではない」。じっさい、「すべての被造物は、自然本性的な仕方で、おのおのであるところのものにそくして、神に属している」[13]。すべてのものは神へと秩序づけられているが、その逆は成立しないのである。

第三節　功徳と報酬——均等性の成立

かくして、「おのおののものに、そのものの本性や状態という性格にそくして、そのものにしかるべきものを与える」ということが、我々にとって、配分的正義として捉えられるところの「神の正義」であるということになる。すなわち、「ある被造の事物には、それ自身へと秩序づけられるところのものを持つということがしかるべき」であり、人間には、似姿であり、自らのはたらきの主であり、ペルソナであることが、「しかるべき」なのである。

ところで、「正義は、ある時は神において自らの善性への承認であると、またある時は功徳に対する返報であると言われる」が、このことは、「神には、自らの智恵と意志を持つところのものが、そして、自らの善性を明示するところのものが、諸事物において満たされる、ということがしかるべきである」ということが「自らの善性への承認」を、「神は、おのおののものに、そのものの本性や状態という性格にそくして、そのものにしかるべきものを与える」ということが、「功徳に対する返報」を意味していると言えよう。

これまで、「功徳」に関しては次のように引用されてきた。まず、「人間であるところの、また人間が為しうる、さらに持つところの全体は、神へと秩序づけられなければならない」から、「それゆえ、人間による善きないし悪しき行為すべては、行為の性格そのものにもとづいて、神のまえにおいて、功徳や罪業という性格を有する」[14]。そして、「ある人間の行為は他者へと秩序づけられるかぎりにおいて、他者自身の性格によるにせよ、共同体の性格によるにせよ、功徳や罪業という性格を有する」から、「いずれの仕方でも、我々の善きないし悪しき行為は、神のまえにおいて、功徳や罪業という性格を有する」[15]。さらに、「理性的被造物は自由意思によって自らのはたらきの主権を有するから、何らかの特別な仕方で神の摂理に服して」おり、「かかる被造物には、何かが罪科ないし功徳へと帰せられ、また、罰ないし報いとして何かが与えられる」。

したがって、功徳とは、善き行為という行為の性格にもとづいて神のまえにおいて有するところのものである。そして、ある人間の行為は他者へと秩序づけられるかぎりにおいて功徳や罪業という性格を有することから、人間が神を他者とするような仕方で、そこに功徳の性格は成立している。さらに、「かかる被造物には、何かが罪科ないし功徳へと帰せられ、また、罰ないし報いとして何かが与えられる」ことから、善い行為にもとづいて、人間には功徳が帰せられ、その結果、その人間に報いとして何かが与えられるということになる。

では、人間による善き行為が功徳という性格を原因づけ、功徳から「報いとして何かが与えられる」ということは、そもそもどのようなことを意味しているのであろうか。アクィナスは、「人間は神から何か功徳に値することができるか」を問題にしている『神学大全』第二−一部第一一四問題第一項の主文で、次のように言っている。

「功徳」も「報酬（merces）」も、同じものへと関連づけられる。なぜなら、仕事や労働の「返報」として、いわばその「代価（pretium）」のように、ある人に報いられるものが「報酬」と言われるからである。それゆえ、ある人から受け取ったものに対して正しい「代価」を返すことは正義の行為であるように、また、仕事や労働の「報酬」を報いることも正義の行為である。しかるに、『倫理学』第五巻における哲学者によって明らかなように、正義は何らかの「均等性」である。それゆえ、端的な仕方で均等性が存するところの人々のあいだに、端的な仕方で正義が存する。これに対して、端的な仕方で均等性が存してはいない人々のあいだでは、端的な仕方で正義が存するのではなく、何らかの正義の「様態（modus）」が存しうる。それは、同じ書物で哲学者が語っているように、何らかの「父的な権利」や「支配者的な権利」と言われるようにである。このため、そこに端的な仕方で正しさが存するものにおいては、功徳や報酬の性格も、端的な仕方で存する。これに対して、端的な仕方ではなく、何らかの意味で正しさが存することがらにおいては、功徳の性格が端的な仕方で存するのではなく、そこに正義の性質が保存されるかぎりにおいて、何らかの意味で、功徳の性格が存する。じっさい、この仕方で、子は父から、僕は主から、何か功徳に値するのである(16)。

「仕事や労働の返報として、いわばその代価のように、ある人に報いられるものが報酬と言われるから」、「功徳も報酬も、同じものへと関連づけられる」。功徳と報酬は、もちろんその成立する次元は異なっていると考えられるが、構造的には同じものへと関係づけられている。この点は、功徳を理解するうえで重要であろう。報酬が「いわばその代価のように、ある人に報いられるもの」であるならば、功徳も「いわばその代償のように、ある人に帰せられるもの」と解される。

しかるに、「ある人から受け取ったものに対して正しい代価を返すことは正義の行為であるように、また、仕事や労働の報酬を報いることも正義の行為である」。この正義は、配分的正義というよりは、むしろ、交換的正義にもとづいているようにも思われる。じっさい、「ある時は功徳に対する返報であると言われる」。しかしながら、アクィナスは「この正義は神に適合しない」と明言している。[17] この点はどう解するべきであろうあろうか。「神の知恵の秩序にしたがって、そのもの自身へと秩序づけられるところのものが、おのおののものにとってしかるべき」であるが、「神自身がほかのものへと秩序づけられているのではなく、かえってむしろ、ほかのものが神自身へと秩序づけられているから」、「神自身は、負い目のある者ではない」。したがって、ある人に「仕事や労働の報酬」として、神から何かが功徳として報いられるとしても、このことはあくまで、「神には、自らの智恵と意志を持つところのものが、そして、自らの善性を明示するところのものが、諸事物において満たされる、ということがしかるべきである」ということに依存している。人間にとっては、功徳も報酬も、まさに交換的正義の性格にもとづいて捉えられるとしても、神の正義は、我々にとって、配分的正義という仕方で解されるのである。

さらに、「正義は何らかの均等性である」。この均等性とは、他者への均等性を意味している。すなわち、自己と他者の均等性か、他者と他者との均等性である。そして、「端的な仕方で均等性が存するところの人々のあいだに、端的な仕方で正義が存する」。他者が誰にも属していない場合、そこに端的な意味での他者性が認められ、均等性も端的な仕方で成立していることから、「端的な仕方で正義が存する」。

これに対して、他者が誰かに属する者である場合、そこに端的な意味での他者性も均等性も成立していない。じっさい、「子は、子であるかぎり、父に属する者であり、同様の仕方で、僕は、僕であるかぎり、主に属する者である」から、「両者が他者に属する者であるかぎりにおいては、このことにそくして、そこでは正しさや権利の完全な性格を欠いている」。[18] したがって、「端的な仕方で均等性が存してはいない人々のあいだでは、端的な仕方で正義が存するのではなく、何らかの正義の様態が存しうる」。それは、「何らかの父的な権利や支配者的な権利」のような、正義としての完全な性格を欠いた、何らかの限定された意味での正義である。

均等性が端的な仕方で存するか否かで、正義のあり方は異なっている。そして、このことにもとづいて、功徳や報酬の性格も異なる。「そこに端的な仕方で正しさが存するものにおいては、功徳や報酬の性格も、端的な仕方で存する」。そこに端的な意味での他者性が認められるかぎり、正義は端的な仕方で成立している。したがって、「仕事や労働の返報として、いわばその代価のように、ある人に報いられる」という功徳や報酬の性格も、端的な仕方による。

その一方、「端的な仕方ではなく、何らかの意味で正しさが存することがらにおいては、功徳の性格が端的な仕方で存するのではなく、そこに正義の性質が保存されるかぎりにおいて、何らかの意味で、功徳の性格が存する」。誰かに属する者としての他者の場合、そこには限定された正義の何らかの様態が成立しているにすぎないことから、正義の限定された性格にそくして、何らかの意味で、功徳や報酬の性格が成立している。そして、「この仕方で、子は父から、僕は主から、何か功徳に値する」。

第四節　人間の報い——神の正義と功徳

このように、功徳の性格は、そこに均等性や正義が端的な仕方で存するか否かで、異なっている。しかるに、「すべての被造物は、自然本性的な仕方で、おのおのであるところのものにそくして、神に属している」ことから、人間と神のあいだに「端的な仕方で均等性」が成立しているとは考えられない。そこに何らかの正義が見いだされるとしても、それは「端的な仕方での正義」ではありえない。

それゆえ、人間が神から何か功徳に値することができるとしても、「そこに正義の性質が保存されるかぎりにおいて、何らかの意味で、功徳の性格が存する」にすぎない。では、そもそも、人間は神から何か功徳に値することができるのであろうか。アクィナスは、同じ個所で、続けて次のように言っている。

しかるに、神と人間のあいだには、最大度の「不均等性（inaequalitas）」が存することは明らかである。なぜなら、両者は無限に隔たっており、人間の善であるところのものの全体は神にもとづくからである。それゆえ、人間の神に対する正義は、絶対的な均等性にそくするものではありえず、むしろ何らかの「対比性」にそくして存しうる。すなわち、両者が自らの様態にそくしてはたらくかぎりにおいてである。しかるに、人間的徳の様態と基準は、人間にとって神にもとづいている。それゆえ、神のまえでの人間の功徳は、神による秩序づけを前提することなくして不可能である。すなわち、それへと神が人間にはたらきの力を割り当てるところのものを、人間が、自らのはたらきを通じて、報酬のごとくに神から獲得するのである。それはちょうど、自然本性的事物が、神によって秩序づけられたものを、固有な運動とはたらきを通じて獲得するようにである。しかし、それは異なった仕方による。なぜなら、理性的被造物は自由意思によって自分自身をはたらきへと動かすのであり、それゆえ、自己のはたらきは功徳の性格を有するが、このことはほかの被造物にはあてはまらないからである。[19]

「神と人間のあいだには、最大度の不均等性が存することは明らかである」。人間が神を範型とする似姿であると言っても、範型と似姿は「無限に隔たって」いる。「人間の善であるところのものの全体は神にもとづくからである」。じっさい、「普遍的な善は神自身であり、かかる善のもとに、天使も、また人間やすべての被造物が含まれる」[20]。人間の善は、たしかにその人間に帰せられうるとしても、あくまで神にもとづいており、神の普遍的な善のうちに、すべての被造物は含まれている。

したがって、人間と神との間には、「端的な仕方で正義が存するのではなく、何らかの正義の様態が存しうる」

のであるから、「人間の神に対する正義は、絶対的な均等性にそくするものではありえず、むしろ何らかの対比性にそくして存しうる」。人間が神に対して何らかの正義を持つことができるとしても、それは、神に対する何らかの対比性にもとづくところの、「何らかの正義の様態」にすぎない。このことから、功徳も、「そこに正義の性質が保存されるかぎりにおいて、何らかの意味で、功徳の性格が存する」ことになる。

さらに、その「対比性」は、「両者が自らの様態にそくしてはたらくかぎりにおいて」成立している。人間が自己の様態にもとづいてはたらくことと、神が神的様態にそくしてはたらくことから、人間と神のあいだには「最大度の不均等性」が存するにもかかわらず、何らかの対比性が認められる。

しかし、「人間的徳の様態と基準は、人間にとって神にもとづいている」から、「神のまえでの人間の功徳は、神による秩序づけを前提することなくして不可能である」。功徳は、ある意味で、善い行為を前提にしているとしても、善い行為は、我々にとって、徳によって可能になる。しかるに、人間的徳の場合、人間的行為を繰りかえすことによって形成される場合でも、その様態と基準は人間ではなく、神にもとづいている。それゆえ、「人間による善きないし悪しき行為すべては、行為の性格そのものにもとづいて、神のまえにおいて、功徳や罪業という性格を有する」としても、この功徳は、人間によって秩序づけられるものではなく、「神による秩序づけを前提」している。

かくして、人間に何かが功徳として帰せられるということは、神によって秩序づけられており、「それへと神が人間にはたらきの力を割り当てるところのものを、人間が、自らのはたらきを通じて、報酬のごとくに神から獲得する」。人間に何かが功徳へと帰せられ、報いとして何かが与えられるとしても、このことは人間に根拠を有しているのではなく、あくまで、神によって秩序づけられている。「自然本性的事物が、神によって秩序づけられたものを、固有な運動とはたらきを通じて獲得するように」、人間は、それへと神が人間にはたらきの力を割り当てるところのものを、固有な運動とはたらきを通じて獲得するわけである。

しかしながら、「理性的被造物は自由意思によって自分自身をはたらきへと動かすのであり、それゆえ、自己のはたらきは功徳の性格を有するが、このことはほかの被造物にはあてはまらない」。人間の善は神によって秩序づけられているから、人間は、「神から道具のごとく動かされる」。しかし、このことは、「人間が自由意思によって自らを動かすということを排除するものではない」。たとえ、「人間の善であるところのものの全体は神にもとづく」としても、人間には自由と主権が何らかの仕方で存している。このことが功徳の前提となる。したがって、「人間は自らの行為によって、神のまえにおいて、功徳に値したり、悪業をつむのである」としても、このことは非理性的な被造物には適合しないのである。

第五節　神的共同体と神の正義——自助と神的公助

さて、「神の知恵の秩序にしたがって、そのもの自身へと秩序づけられるところのものが、おのおののものにとってしかるべき」であるが、人間には、「そこに正義の性質が保存されるかぎりにおいて、何らかの意味で、功徳の性格が存する」のであり、僕が主から何か功徳に値することができるような仕方で、神に対して何か功徳に値することが可能になる。

たしかに、人間にとって「自由意思によって自らのはたらきの主権を有する」ということが「しかるべき」なのであって、「自由意思によって自分自身をはたらきへと動かす」ことから、「自己のはたらきは功徳の性格を有する」わけである。その結果、「人間による善きないし悪しき行為すべては、行為の性格そのものにもとづいて、神のまえにおいて、功徳や罪業という性格を有」し、「何かが罪科ないし功徳へと帰せられ、また、罰ないし報いとして何かが与えられる」場合、神の正義は「功徳に対する返報であると言われる」わけである。

しかるに、他者への均等性を介した「共同善への秩序づけ」という点に徳としての正義の特質がある。すなわち、「正義は人間を、他者への関連において秩序づける」が、「いかなる徳の善も」、「それへと正義が秩序づけるところの共同善にまで帰せられうる」のであり、この法的正義によって、「人間は、すべての徳のはたらきを共同善へと秩序づけるところの法に、一致する」[21]。

かかる「正義による、人間の法との一致」という点に、人間の連帯性が根拠づけられる。それは、「共同善への傾きにおける一致」であり、「共同善への秩序づけにおける一致」である。神的共同体は、人間の側からは、この連帯性にもとづいて成立している。この連帯性によって、共同善である神への運動は、共同体全体の運動となりうる。

その一方、神的共同体は、神の側からは、何らかの配分的正義によって支配されている。「ある被造の事物には、それ自身へと秩序づけられるところのものを持つということがしかるべき」であり、「神の知恵の秩序にしたがって、そのもの自身へと秩序づけられるところのものが、おのおののものにとってしかるべき」であるから、「神は、おのおののものに、そのものの本性や状態という性格にそくして、そのものにしかるべきものを与える際、正義を為している」。

神的共同体において、人間は自らのはたらきの主であるが、そのはたらきの力さえも、「それへと神が人間にはたらきの力を割り当てるところのもの」にすぎない。しかし、そのものを「人間が、自らのはたらきを通じて、報酬のごとくに神から獲得する」という仕方で、「神のまえでの人間の功徳は、神による秩序づけを前提することから可能になる。その結果、「理性的被造物は自由意思によって自分自身をはたらきへと動かすのであり、それゆえ、自己のはたらきは功徳の性格を有する」ことになる。ここに、自助と神的公助との関係を見いだすことができよう。

神的共同体において、正義は人間の共同善への秩序づけを具体化するだけでなく、神に対して、何らかの功徳の獲得さえも可能にする。しかし、すべては他者を介しての秩序づけであるということを忘れてはならない。じっさい、「正義は、その名自身が証示しているように、何らかの均等性を意味しており」、「均等性は他者にかかわる」。神的共同体では、「他者への均等性」にそくして、共同体全体の幸福である共同善が何より求められているのであり、功徳の意味も、「他者への均等性」から切りはなされて成立しているとは考えられない。かくして、神的共同体においては、「神的公助」のもと、「自助」は、必然的な仕方で、「他者への均等性」を通じて、「共助」へと結びつけられなければならないのである。

註

（1）S. T. I, q.21, a.1, c.　第三部第三章註（13）参照。
（2）S. T. II-II, q.57, a.1, c.　第三部第二章註（1）参照。
（3）S. T. II-II, q.58, a.2, c.　第三部第二章註（4）参照。
（4）S. T. II-II, q.58, a.9, ad 3.　第二部第一章註（13）参照。
（5）S. T. II-II, q.61, a.2, c.　第三部第三章註（9）参照。
（6）S. T. I-II, q.21, a.4, ad 2.　序註（5）参照。
（7）S. T. I-II, q.91, a.2, c.　第二部第二章註（1）参照。
（8）S. T. I, q.22, a.2, ad 5.　第二部第二章註（10）参照。

（9）註（4）参照。

（10）S.*T.*I, q.21, a.1, ag.3. actus iustitiae est reddere debitum. Sed Deus nulli est debitor. Ergo Deo non competit iustitia.

（11）S.*T.*I, q.21, a.1, ad 3. unicuique debetur quod suum est. Dicitur autem esse suum alicuius, quod ad ipsum ordinatur; sicut servus eat Domini, et non e converso; nam liberum est quod sui causa est.... Sic igitur et debitum attendi potest dupliciter in operatione divina: aut secundum quod aliquid debetur Deo; aut secundum quod aliquid debetur rei creatae. Et utroque modo Deus debitum reddit. Debitum enim est Deo, ut impleatur in rebus id quod eius sapientia et voluntas habet, et quod suam bonitatem manifestat: et secundum hoc iustitia Dei respicit decentiam ipsius, secundum quam reddit sibi quod sibi debetur. Debitum etiam est alicui rei creatae, quod habeat id quod ad ipsam ordinatur: sicut homini, quod habeat manus, et quod ei alia animalia serviant. Et sic etiam Deus operatur iustitiam, quando dat unicuique quod ei debetur secundum rationem suae naturae et conditionis. Sed hoc debitum dependet ex primo: quia hoc unicuique debetur, quod est ordinatum ad ipsum secundum ordinem divinae sapientiae. Et licet Deus hoc modo debitum alicui det, non tamen ipse est debitor: quia ipse ad alia non ordinatur, sed potius alia in ipsum. Et ideo iustitia quandoque dicitur in Deo condecentia suae bonitatis, quandoque vero retributio pro meritis.

（12）S.*T.*I-II, q.91, a.1, c.　第Ⅰ部第Ⅰ章註（8）参照。

（13）S.*T.*I, q.60, a.5, c.　第Ⅱ部第Ⅲ章註（12）参照。

（14）S.*T.*I-II, q.21, a.4, ad 3.　序註（3）参照。

（15）S.*T.*I-II, q.21, a.4, c.　第Ⅰ部第Ⅰ章註（14）参照。

（16）S.*T.*I-II, q.114, a.1, c. meritum et merces ad idem referuntur: id enim merces dicitur quod alicui recompensatur pro retributione operis vel laboris, quasi quoddam pretium ipsius. Unde sicut reddere iustum pretium pro re accepta ab aliquo, est actus iustitiae; ita etiam recompensare mercedem operis vel laboris, est actus iustitiae. Iustitia autem aequalitas quaedam est; ut patet per Philosophum, in V *Ethic*. Et ideo simpliciter est iustitia inter eos quorum est simpliciter aequalitas: eorum vero quorum non est simpliciter aequalitas, non est simpliciter iustitia, sed quidam iustitiae modus potest esse, sicut dicitur quoddam ius paternum vel dominativum, ut in eodem libro Philosophus dicit. Et propter hoc, in his in quibus est simpliciter iustum, est etiam simpliciter ratio meriti et mercendis. In quibus autem est secundum quid iustum, et non simpliciter, in his etiam non simpliciter est ratio meriti, sed secundum quid, inquantum salvatur ibi iustitiae ratio: sic enim et filius meretur aliquid a patre, et servus a domino.

（17）註（1）参照。

（18）*S.T.*II-II, q.57, a.4, ad 2. 第三部第二章註（12）参照。

（19）*S.T.*I-II, q.114, a.1, c. Manifestum est autem quod inter Deum et hominem est maxima inaequalitas: in infinitum enim distant, et totum quod est hominis bonum, est a Deo. Unde non potest hominis ad Deum esse iustitia secundum absolutam aequalitatem, sed secundum proportionem quandam: inquantum scilicet uterque operatur secundum modum suum. Modus autem et mensura humanae virtutis homini est a Deo. Et ideo meritum hominis apud Deum esse non potest nisi secundum praesuppositionem divinae ordinationis: ita scilicet ut id homo consequatur a Deo per suam operationem quasi mercedem, ad quod Deus ei virtutem operandi deputavit. Sicut etiam res naturales hoc consequuntur per proprios motus et operationes, ad quod a Deo sunt ordinatae. Differenter tamen: quia creatura rationalis seipsam movet ad agendum per liberum arbitrium, unde sua actio habet rationem meriti; quod non est in aliis creaturis.

（20）註（13）参照。

（21）*S.T.*II-II, q.58, a.5, c. 序註（7）参照。

第二章　神的共同体と対神徳

第一節　二つの至福——人間の本性への対比性

たしかに、神と人間は「無限に隔たっており、人間の善であるところのものの全体は神にもとづくから」、「神と人間のあいだには、最大度の不均等性が存することは明らか」であり、「人間の神に対する正義は、絶対的な均等性にそくするものではありえず、むしろ何らかの対比性にそくして存しうる(1)」。

そして、この「対比性」に、一方では神の摂理と統宰が、他方では人間の自由と主権が、それぞれかかわっている。もちろん、両者の関係は、交換的正義が成り立ちうるような「均等性」ではありえず、「最大度の不均等性」として捉えられる。しかし、両者が「無限に隔たって」いるとしても、さらに「神のまえでの人間の功徳は、神による秩序づけを前提することなくして不可能である」としても、「それへと神が人間にはたらきの力を割り当てるところのものを、人間が、自らのはたらきを通じて、報酬のごとくに神から獲得するのである(2)」。

このように、神の側から超自然本性的な仕方で何かが与えられることを前提として、人間の自由と主権は成立している。じっさい、「ある被造の事物には、それ自身へと秩序づけられるところのものを持つということがしかるべき」であり、「神は、おのおののものに、そのものの本性や状態という性格にそくして、そのものにしかるべきものを与える際、正義を為している」[3]。神的共同体における人間のあり方は、まさに神の正義にかかっている。しかるに、「全体が属する共同善とは神自身であり、神のうちにすべての者の至福は成立して」おり、「ちょうど部分が全体の善へと秩序づけられるように、直しき理性と自然本性の誘発にそくして、おのおの者は自ら自身を神へと秩序づける」が、「このことはたしかに、愛徳によって完成され」、「愛徳によって、人間は自ら自身を神のために愛する」のである[4]。人間は、正義によって共同善へと秩序づけられるが、この秩序づけは、愛徳によって本来、完成へと導かれる。したがって、愛徳による秩序づけに、神の正義がかかわっている。

では、愛徳による完成とはいかにして可能になるのであろうか。アクィナスは、対神徳について論じている『神学大全』第二―一部第六二問題の第一項で、「何か対神徳というものが存するか」を論じており、その主文で次のように言っている。

先に述べられてことから明らかなように、徳を通じて、人間はそれによって至福へと秩序づけられるはたらきに関して完成される。しかるに、先に言われたように、人間の「至福」ないし「幸福」には二通りある。一つは人間的本性に「対比的（proportionatus）」なもので、それへと人間は自らの本性の諸根源によって到達することができる。もう一つは、人間の本性を越える至福であり、それへと人間はただ神の力によって、何らかの「神性の分有」にそくして到達することができる。このことに関して、二ペトー・四で、我々はキリストを通じて「神の本性にあずからせていただく」者にせしめられたと言われている。そして、かかる至福は人間の本性への「対比性」を越えるゆえに、それにもとづいて自らの対比性にそくして善く行為するよう進む人間の自然本性的な諸根源では、前述の至福へと人間を秩序づけるのに十分ではない。それゆえ、人間に「神的な仕方で（divinitus）」、ある根源が附加されなければならないのであり、それによって、人間は超自然的至福へと秩序づけられる。それは、これも神の「助力（adiutorium）」なしにはありえないが、自然本性的諸根源を通じて「本性に適った（connaturalis）」目的へと人間が秩序づけられるようにである。そして、かかる諸根源が「対神徳」と言われる。なぜなら、それらを通じて我々が神へと直しく秩序づけられるかぎりにおいて神を対象とするからであり、また、ただ神によって我々に「注入される（infunduntur）」からであり、さらに聖書における神の「啓示」によってのみかかる徳が伝えられるからである(5)。

「自然本性的な必然は意志に背馳しない」のであって、「知性が必然にもとづいて第一基本命題に密着しているように、意志は、必然にもとづいて至福である究極目的に密着していなければならない(6)」。至福である究極目的への必然的密着ということが、意志のはたらきの原動力である。そこに選択の余地はない。したがって、「至福であるところの、完全な善だけは、理性はこれを悪の、あるいは何らかの欠陥という性格のもとに捉えることはできない」から、「必然にもとづいて人間は至福を欲しているのであって、至福者ではないことや悲惨なる者であることを欲することはできない(7)」。認識能力である理性においても、至福という完全な善を悪や欠陥という性格において把捉することは不可能である。そのため、至福への欲求は必然的なものとなる。

このように、いかなる人間でも、人間であるかぎり、必然的な仕方で至福を欲求している。そして、「徳を通じて、人間はそれによって至福へと秩序づけられるはたらきに関して完成される」。至福への秩序づけは徳によって完成される。しかるに、至福には、「人間的本性に対比的な」至福と、「人間の本性を越える至福」の二通りがある。前者へと、「人間は自らの本性の諸根源によって到達することができる」。人間の本性に対比的な至福であるから、そこへと人間は自己の本性によって到達可能なのである。これに対して、後者の場合、「それへと人間はただ神の力によって、何らかの神性の分有にそくして到達することができる」。じっさい、「習慣によって現実態へと確定される」ところの「人間的徳」では、(8) それが人間の習慣にもとづくかぎり、「人間的本性に対比的な」幸福には到達可能であるとしても、「人間の本性を越える至福」にまで達することはできない。「かかる至福は人間の本性への対比性を越え」ており、人間は、そこに至福が成立している神から、「無限に隔たって」いるからである。

第二節　対神徳の可能性――超自然本性的な至福

したがって、「それにもとづいて自らの対比性にそくして善く行為するよう進む人間の自然本性的な諸根源では」、人間の本性を越える至福へと正しく秩序づけることはできない。この秩序づけが現実のものとなるためには、かかる対比性を超えたものが必要となる。「それゆえ、人間に神的な仕方で、ある根源が附加されなければならないのであり、それによって、人間は超自然的至福へと秩序づけられる」。

人間を究極的な至福へと秩序づけるためには、神の側から、そのような秩序づけを可能にするように何らかの根源が付加されなければならない。この根源によって、あたかも、「自然本性的諸根源を通じて本性に適った目的へと人間が秩序づけられるように」、人間は自らの自然本性を超えた至福へと秩序づけられることが可能になる。

人間は、自然本性的な仕方で、超自然本性的な至福を必然的に欲求している。もし、超自然本性的な根源が人間に付加されなければ、人間のこの欲求がみたされることはない。そして、かかる根源が、それらを通じて神へと秩序づけられるという意味でも、神によって注入されるという意味でも、啓示によって聖書のうちに伝えられているという意味でも、「対神徳」と言われる。人間は対神徳である愛徳によって究極へと導かれるのである。

たしかに、「目的は人間たちに前もって知られていなければならないのであって、人間は自らの意図と行為を目的へと秩序づけなければならない」が、「この目的は理性による把握を超えて」おり、「それゆえ、人間の理性を超えるところの何かが神の啓示によって人間に知らされるということは、人間にとってその救いのために必要であった」[9]。このことは、まず理性の自然本性を超える何かが超自然本性的な仕方で神の啓示によって人間の認識の対象になることを、そしてこのことが人間の救いにとって不可欠な要素となることを意味している。したがって、聖なる教えこそ、人間の救いのために、人間の理性を超えた目的へと、人間を秩序づける教えであって、かかる秩序づけは、対神徳によって現実のものとなる。

じっさい、「自然本性的な事物において、それ自身であるところのものが、本性にそくしてほかのものに属するものは、いずれも、より根源的により多く、自らへよりも自らがそれに属するものへと傾かされる」ように、「普遍的な善は神自身であり、かかる善のもとに、天使も、また人間やすべての被造物が含まれるということから、天使も人間も自然本性的な愛によって、より多くかつより根源的な仕方で、自分自身を愛するよりも神を愛するということが帰結する」ゆえに、「もし自然本性的な仕方で神を愛する以上に自分自身を愛するのであれば、その自然本性的な愛は倒錯したものである」とされ、「このことは愛徳によって完成されるのではなく、かえって破壊されることになるであろう」[10]。

人間は神的共同体の部分であるから、全体である神へと、本来、自然本性的な仕方で傾かされている。そして、その傾きを通じて、人間は神を自然本性的に愛するのであり、その愛は自己への愛よりも根源的である。神は普遍的な善だからである。そして、この愛は、神への自然本性的な認識を前提にしている。人間はまさに、「神を認識し、愛することによって究極目的へと到達する」わけである[11]。さらに、神への愛は愛徳によって完成されるのであるから、人間の神への運動が終極にいたるか否かは、まさに、対神徳の可能性にかかっている。

第三節　似姿の可能性――神的公助による子性

では、「我々はキリストを通じて神の本性にあずからせていただく者にせしめられた」ということは、人間にとって具体的にどのような状況を意味しているのであろうか。人間は神を範型とする似姿であるが、完全な似姿に関しては、二通りの仕方で考察されうる。まず、「ただ至福者のうちに見いだされる」ところの、「人間が神を現実態によって完全に認識し愛するかぎり」における「栄光の類似性にもとづく似姿」である。(12)もう一つは、「王の似姿がその子のうちに見いだされるように、種に関して同じ本性の事物において」見いだされる似姿である。(13)

したがって、「神の本性にあずからせていただく者」とは、神への認識と愛の完全性にそくして認められるところの、神に対する何らかの「子」としての似姿として、捉えられうると言えよう。じっさい、アクィナスは『神学大全』第三部第四問題第一項の異論解答で、「人間本性における似姿の類似性は、神を受容しうる者（capax Dei）であるかぎりにおいて、すなわち、人間が認識と愛という固有なはたらきによって神自身に触れることにそくして認められる」と言っている。(14)

人間は、範型である神から無限に隔たっているのもかかわらず、神に対する何らかの受容能力へと開かれている。「神自身に触れること」は「人間本性における似姿の類似性」にそくして認められる。「神を認識し、愛することによって究極目的へと到達する」ということは、「神自身に触れる」ことを意味していると言えよう。

しかるに、このことは、似姿の完全性にそくしたことではなく、むしろ、似姿の特質に由来しているように思われる。すなわち、「人間が認識と愛という固有なはたらきによって神自身に触れる」ということは、究極的には「人間が神を現実態によって完全に認識し愛する」ことによって可能になるとしても、似姿であるということ自体が、神への何らかの認識と愛にもとづいて成立している以上、人間はいかなる状況にあっても、何らかの仕方で「神自身に触れている」と考えられる。なぜなら、「原因を、その形相の類似性に関するかぎりにおいて表現」する場合が「似姿の表現」だからである。(15)

もちろん、似姿の自然本性的な類似性から表現される「神の表現」はまったく不完全であるとしても、似姿であるかぎり、そこに範型である神が、何らかの形相にかかわる仕方で表現されていなければならない。そして、かかる表現は、完全性への運動という観点から、神に対する子としての表現へと通じている。

この点、アクィナスは、『神学大全』第三部第二三題第三項の異論解答で、「養子採用（adoptio）は、本性に随伴する特有性（proprium）ではないが、理性的本性がそれを受容しうるところの、恩恵に随伴する特有性である」から、「養子採用は、すべての理性的被造物に適合しなければならないというわけではない」が、「しかし、すべての理性的被造物は、養子採用を受容しうる者でなければならない」と言っている。(16)

すべての人間は、その精神のうちに神の似姿が見いだされるかぎり、「神の養子」へと秩序づけられている。かかる養子採用が、似姿の完全性として捉えられよう。もちろん、この「養子採用」が現実化されるためには、人間の自然本性を超えた完全性が必要であり、そのため、「養子採用は、すべての理性的被造物に適合しなければならないというわけではない」。その一方、人間が神の似姿であるということの意味は、「超自然本性的な完全性への可能性」にもとづいて捉えられる。このかぎりにおいて、養子採用は、「理性的本性がそれを受容しうるところの、恩恵に随伴する特有性である」。

それゆえ、かかる超自然本性的な完全性へと向かうということそのものが、似姿としての類似性にとって本質的である。そして、「すべての理性的被造物は、養子採用を受容しうる者でなければならない」という点に、キリスト教神学の普遍的可能性が認められるのではないだろうか。

さらに、人間の連帯性は、究極的には、この可能性にもとづいて成立していると考えられる。その連帯性とは、超自然本性的な完成への可能性を自然本性的な仕方で共有することにもとづく連帯性にほかならない。この連帯性において、自らの自然本性を超えた完全性へと向かう運動は、共同体全体の運動として位置づけられうるのである。

第四節　主の可能性——神的公助における主権

さて、「理性的被造物は自由意思によって自らのはたらきの主権を有するから、何らかの特別な仕方で神の摂理に服して」おり、「かかる被造物には、何かが罪科ないし功徳へと帰せられ、また、罰ないし報いとして何かが与えられる」[17]。このように、「普遍的な善は神自身であり、かかる善のもとに、天使も、また人間やすべての被造物が含まれる」にもかかわらず、人間はどこまでも「自らのはたらきの主」なのであり、神の摂理も統宰も、人間の側から考えるかぎり、かかる主としての主権と自由をいわば前提にしている。

これまで、主に関しては、二つの点を指摘してきた。一つには、似姿が範型である神との関係から成立しているように、主にも同様な関係が想定され、主はあくまで、神への運動において、「似姿としての主」でなければならない（本書第一部第二章第五節）。もう一つには、道としてのキリストとの関連から、主としての主権は、「人間が自分自身によって動かされる」という受動性を前提にしており、神的共同体における主の受動的な意味は、いわば「僕としての主」という仕方で表現することができる（本書第二部第一章第五節）。

人間は、自らのはたらきの主であるかぎり、「神を愛する以上に自分自身を愛する」可能性へと現実的に直面している。似姿から切りはなされた主は、他者を僕としてみなす誘惑に、容易に陥ることになる。ましてや、神の存在を認めることは、自らの自由と主権を脅かすことに通じる。いわゆる実存主義的無神論は、自我の絶対性にもとづく必然的な帰結であろう。

しかしながら、「いかなる人間においても自然本性の善全体が破壊されるほど、肉の思慮が支配しているのではない」のであって、「人間には永遠法に属するところのものを為すことへの傾きが残っている」(18)。そして、この可能性は、正義による「他者への均等性」を通じて、現実化されうる。

すなわち、「ほかの徳の中で、人間を他者に関することがらにおいて秩序づけるということが、正義に固有である」が、「正義は、その名自身が証示しているように、何らかの均等性を意味しており」、「均等性は他者にかかわる」(19)。正義による共同善への秩序づけは、他者への均等性を通じて現実化される。なぜなら、人間は、他者の存在を認め、「他者も自らのはたらきの主である」ことを自覚することによって、正義による秩序づけを受けることが可能になるからである。そして、かかる秩序づけの究極が対神徳である愛徳によって完成され、「ある人がさらにまた隣人を神のために愛する場合、隣人を自ら自身のように愛するのであり、そしてこのことによって、聖なる愛がもたらされるのである」(20)。

その一方、「僕としての主」として示される「能動と受動の関係」は、対神徳において究極にいたる。すなわち、「人間に神的な仕方で、ある根源が附加され」るところの、その根源によって「人間は超自然的至福へと秩序づけられる」。そして「ただ神によって我々に注入される」という究極的な「受動性」が、「人間の本性を越える至福」へと「人間はただ神の力によって、何らかの神性の分有にそくして到達することができる」という究極的な能動性を可能にするわけである。「我々はキリストを通じて神の本性にあずからせていただく者にせしめられた」という点に、究極的な能動と受動の関係を見いだすことができるのではないだろうか。

第五節　神的共同体と対神徳――神的公助としての共助

たしかに、神の正義は配分的正義の性格のもとに捉えられ、それは「それにそくして、ある統宰者や管理者が、おのおのの者に、その者の価値にしたがって与えるところの正義」であって、「家族や統宰されているいかなる集団にもふさわしい秩序が、統宰者における配分的正義を証示するように、自然的なことがらにおいても、意志的なことがらにおいても明らかである宇宙の秩序が、神の正義を証示する」[21]。したがって、「人間に神的な仕方で、ある根源が附加されなければならないのであり、それによって、人間は超自然的至福へと秩序づけられる」ということは、まさに神の正義にもとづいている。じっさい、「神は、おのおののものに、そのものの本性や状態という性格にそくして、そのものにしかるべきものを与える際、正義を為している」。

しかるに、正義は、他者への均等性にもとづいて、人間を共同善へと秩序づける。このかぎりにおいて、人間に対神徳が付加され、「人間の本性を越える至福」へと到達することが可能になるということは、それ自体としては、神による直接的な秩序づけである。神的共同体における人間は、神に対して、何らかの仕方で他者として秩序づけられているのである。

そもそも、「天使も人間も自然本性的な愛によって、より多くかつより根源的な仕方で、自分自身を愛するよりも神を愛する」ということは、あくまで、「普遍的な善は神自身であり、かかる善のもとに、天使も、また人間やすべての被造物が含まれる」ということを前提にしている。このような神的共同体の部分であるという認識は、いわば必然的な仕方で、「他者への均等性」に結びつけられなければならない。対神徳による超自然本性的な至福への可能性は、「私」の可能性ではなく、「我々」の可能性なのである。そして、「他者への均等性」にもとづいた正義のはたらきにより、「共助」は現実化される。
　すなわち、いくら「ペルソナ」が、「理性的本性を持った単一者」に帰せられる「特別な名」であるとしても、[22]神への運動における主としての主権は、神的共同体における神的公助のもとに成立している。したがって、ペルソナであるということは、他者への均等性に対立するのではなく、かえって、「ほかの個別的なペルソナの善へと秩序づけられる特殊的正義」によって秩序づけなければならない。[23]
　対神徳は、「ただ神によって我々に注入される」。かかる超自然本性的な根源に関しては、恩恵や栄光に関するのと同様に、我々は何も要求するものを有してはいない。じっさい、「理性的被造物は自由意思によって自分自身をはたらきへと動かすのであり、それゆえ、自己のはたらきは功徳の性格を有する」としても、「神のまえでの人間の功徳は、神による秩序づけを前提することなくして不可能である」。
　さらに、「愛徳によって、人間は自ら自身を神のために愛する」ということから、「ある人がさらにまた隣人を神のために愛する場合、隣人を自ら自身のように愛するのであり、そしてこのことによって、聖なる愛がもたらされる」。この点は、まさに、神的公助における共助の可能性として解することができよう。じっさい、「全体の善がそのいかなる部分にとっても目的であるように、共同善は、共同体のうちに存在している個別的な個々のペルソナにとっての目的」なのである。[24]個別的な個々のペルソナが共同善を目的とするという点に、共助の可能性が成立している。

註

（1）*S.T.*I-II, q.114, a.1, c.　第四部第一章註（19）参照。
（2）註（1）参照。
（3）*S.T.*I, q.21, a.1, ad 3.　第四部第一章註（11）参照。
（4）*De Perf. Vitae Spirit.* c.13, n.634.　序註（6）参照。
（5）*S.T.*I-II, q.62, a.1, c. per virtutem perficitur homo ad actus quibus in beatitudinem ordinatur, ut supradictis (q.5, a.7) patet. Est autem duplex hominis beatitudo sive felicitas, ut supra (q.5, a.5) dictum est. Una quidem proportionata humanae naturae, ad quam scilicet homo pervenire potest per principia suae naturae. Alia autem est beatitudo naturam hominis excedens, ad quam homo sola divina virtute pervenire potest, secundum quandam divinitatis participationem; secundum quod dicitur II *Petr.*1, [4]: quod per Christum facti sumus consortes divinae naturae. Et quia huiusmodi beatitudo proportionem humanae naturae excedit, principia naturalia hominis, ex quibus procedit ad bene agendum secundum suam proportionem, non sufficiunt ad ordinandum hominem in beatitudinem praedictam. Unde oportet quod superaddantur homini divinitus aliqua principia, per quae ita ordinetur ad beatitudinem supernaturalem, sicut per principia naturalia ordinatur ad finem connaturalem, non tamen absque adiutorio divino. Et huiusmodi principia virtutes dicuntur theologicae: tum quia habent Deum pro obiecto, inquantum per eas recte ordinamur in Deum; tum quia a solo Deo nobis infunduntur; tum quia sola divina revelatione, in sacra Scriptura, huiusmodi virtutes traduntur.
（6）*S.T.*I, q.82, a.1, c.　第二部第一章註（18）参照。
（7）*S.T.*I-II, q.13, a.6, c.　第二部第二章註（12）参照。
（8）*S.T.*I-II, q.55, a.1, c.　第三部第一章註（16）参照。
（9）*S.T.*I, q.1, a.1, c.　第一部第一章註（1）参照。
（10）*S.T.*I, q.60, a.5, c.　第二部第三章註（12）参照。

（11）S. *T.* I-II, q.1, a.8, c. 第一部第二章註（16）参照。

（12）S. *T.* I, q.93, a.4, c. 第一部第二章註（14）参照。

（13）S. *T.* I, q.35, a.2, ad 3. 第一部第二章註（11）参照。

（14）S. *T.* III, q.4, a.1, ad 2. similitudo imaginis attenditur in natura humana secundum quod est capax Dei, scilicet attingendo propria operatione cognitionis et amoris. 佐々木 二〇〇五、一五五頁。じっさい、アクィナスがかかる受容能力を人間精神の本性そのものと結びつけている点は、非常に重要であろう（Merriell 1990, p.189）。

（15）S. *T.* I, q.45, a.7, c. 第一部第三章註（4）参照。

（16）S. *T.* III, q.23, a.3, ad 3. adoptio non est proprium consequens naturam, sed consequens gratiam, cuius natura rationalis est capax. Et ideo non oportet quod omni rationali creaturae conveniat: sed quod omnis rationalis creatura sit capax adoptionis. 佐々木 二〇〇五、一五八頁。

（17）S. *T.* I, q.22, a.2, ad 5. 第二部第二章註（10）参照。

（18）S. *T.* I-II, q.93, a.6, ad 2. 第二部第二章註（7）参照。

（19）S. *T.* II-II, q.57, a.1, c. 第三部第二章註（1）参照。

（20）註（4）参照。

（21）S. *T.* I, q.21, a.1, c. 第三部第三章註（13）参照。

（22）S. *T.* I, q.29, a.1, c. 第一部第三章註（17）参照。

（23）S. *T.* II-II, q.58, a.9, ad 3. 第二部第一章註（13）参照。

（24）註（23）参照。

第三章　神的共同体における連帯性

第一節　神的共同体における永遠法——似姿の表出性

さて、「何らかの共同体のもとに含まれる者はすべて、部分が全体に対するように、その共同体へと関連づけられる」ことから、「いかなる徳の善も」、「それへと正義が秩序づけるところの共同善にまで帰せられうる」のであり、「人間を共同善へと秩序づけることにもとづいて、すべての徳のはたらき」がそこに属する法的正義によって、「人間は、すべての徳のはたらきを共同善へと秩序づけるところの法に、一致する」(1)。共同善への秩序づけにもとづいて、すべての徳は法的正義に属するのであり、この正義によって、同じくすべての徳のはたらきを共同善へと秩序づける法に、人間は一致する。ともに助けあうという共助が現実化されるためには、何らかの「一致」が求められ、かかる「法における一致」が人間の連帯性の根拠になっている。

しかるに、この場合の「法」に関しては、第一義的には自然法が考えられるとしても、現実にはむしろ多元的・多層的に捉えられうるであろう。まず、自然法がその分有であるところの、「永遠法」の場合はどうであろうか。永遠法とは、「神において宇宙の統治者におけるように存するところの、諸事物の統宰理念そのもの」を意味している(2)。すなわち、すべては神によって、その永遠法にもとづいて統宰されている。しかるに、人間はあくまで自らのはたらきの主としての自由と主権を有する者として永遠法のもとにある。じっさい、人間は「認識という仕方」と「能動と受動という仕方」の「両方の仕方で永遠法に服して」いるが、「悪しき人々においては、たしかに両方の仕方とも不完全であり、いわば腐敗している」のに対し、「善い人々においては、両方の仕方ともより完全なものとして見いだされる(3)」。

それゆえ、法的正義による人間の永遠法との一致に関しては、「悪しき人々」と「善い人々」のそれぞれに分けて考察しなければならないであろう。まず、「悪しき人々」の場合、「不完全な仕方で善を認識し、不完全な仕方で善へと傾かされるように、たしかに永遠法のもとにあるが、それは彼ら自身の行為に関して不完全な仕方」であり、「彼らは永遠法に適合するところのものを為すことが欠けているかぎり、永遠法が彼らに関して教え示しているところを蒙っている(4)」。

すなわち、自らのはたらきの主として為した悪しき行為としての能動性にそくして、永遠法によって何らかの受動性を蒙ることになる。このような事態は、法的正義による共同善への秩序づけに反しているから、そこに見いだされる「一致」は、いわば、「永遠法に不完全な仕方で服するかぎりにおける一致」であって、そこから人間の連帯性が原因づけられないようにも思われる。

しかしながら、「いかなる人間においても自然本性の善全体が破壊されるほど、肉の思慮が支配しているのではない」のであって、「人間には永遠法に属するところのものを為すことへの傾きが残っている(5)」。このことは、人間がどのような状況にあったとしても、神を範型とする似姿であるという特質を失うことはない、ということを意味している。

したがって、悪しき人々が永遠法によって、どのような受動性を蒙ることになるかは、永遠なる神の統宰によって予定されているとしても、罪の危険に常にさらされている我々人間にとっては、ともに「永遠法に属するところのものを為す」ように連帯すべき共同体の仲間として、悪しき人々を解する必要があるように思われる。このかぎりにおいて、神的共同体の連帯性は彼らにも何らかの仕方で及んでいると言えよう。それは、ともに永遠法を分有している者としての連帯性である。

そして、この点は「対神徳の可能性」にも深くかかわっている。なぜなら、この徳は「ただ神によって我々に注入される」のであるから[6]、神的共同体の究極について、かの世に関してはある程度イメージができるとしても、この世においては、その範囲等に関して人間の側から決めることに、非常に大きな危険性を感じざるをえない。じっさい、大宴会のたとえの中で、「神の国で食事をする人は、なんと幸いなことでしょう」と言った者に対して、イエスはこのたとえを用いて、「言っておくが、あの招かれた人たちの中で、わたしの食事を味わう者は一人もいない」と断言している（ルカ一四・一四―二四）。対神徳によって人間には超自然本性的な至福にいたることが可能になるが、この可能性を人間の側から決定することは、まさに本末転倒なのである。

これに対して、「善い人々」の場合、「善に関する自然本性的な認識のうえに、彼らには信仰と知恵による認識が付加され、また、善への自然本性的な傾きのうえに、彼らには恩恵と徳という内的な動かす力が付加されている」[7]。このかぎりにおいて、かれらのうちに法的正義よる永遠法への一致を根源的な仕方で見いだすことができよう。「信仰と知恵による認識」と「恩恵と徳という内的な動かす力」が付加されることにより、彼らの連帯性は、永遠法にもとづいて根拠づけられる。そして、似姿の表現は、まさに範型である神により似たものとされるのである。

第二節　神的共同体における自然法――似姿の完全性

「それによって我々が、何が善であり悪であるかを判別するところの、いわば自然本性的な理性の光が自然法に属しているのであり、自然法とは我々における神的な光の刻印にほかならない」[8]。永遠法の分有である自然法によって、人間は自らの自然本性に適合した目的へと正しく方向づけられることが可能になる。その意味でも、「法的正義による人間の自然法への一致」が、我々にとって、人間の連帯性を成立させる第一義的な前提となるであろう。

しかるに、アクィナスは、人間に内在する自然本性的な傾きを三段階に分け、それぞれにそくして自然法の規則を示している。すなわち、第一の「そこにおいてすべての実体と共通するところの、自然本性にもとづく善への傾き」からは、「それを通じて人間の生命が保全され、また、それに反するものが妨げられるということが属して」おり、第二の「そこにおいてほかの諸動物と共通しているところの自然本性にそくした、何かより特別なものへの傾き」からは、「雌雄の交わりや子の育成、およびこれと同様なことがらのような、自然がすべての動物に教えたところのものが自然法に」属しており、さらに第三の「人間にとって固有である理性の本性にそくした善への傾き」である、「神に関して真理を認識することや、社会のうちに生活することに関する自然本性的な傾き」からは、「人間が無知を避けるべきであるとか、親しくつきあっていくべき人に嫌な思いをさせないとか、またこの傾きにかかわる、ほかのこのようなことがら」が属している[9]。

この三段階は、それぞれ独立しているのではなく、むしろ、相互に密接な仕方で関係しているように考えられる。じっさい、自然法は永遠法の分有であるかぎり、永遠なるものへの方向性にもとづいて成立しているとしても、人間の自然本性的な傾きにそくした法である以上、第一義的にはそこに人間の生が営まれている世界における法である。ただし、かかる生は、純粋に自然本性的な領域だけではなく、超自然本性的な領域にもすでにかかわっていなければならない。

まず、人間が人間としての生を営むためには、何より「生きている」ということが前提になる。そのため、第一に個の次元で、「自らの存在の保全」、すなわち「自らの生命の保全」が出発点となる。次に、「家族や統宰されているいかなる集団にもふさわしい秩序が、統宰者における配分的正義を証示する」[10]という点からも示されているように、家族の集団である「家」がもっとも基本的な共同体である。そして、家においては、個の保全を前提にしたうえでの「種の保全」が、男女の婚姻にもとづく親子関係という仕方で現実化される。さらに「部分はすべて全体へと、不完全なものが完全なものに対するように秩序づけられており、一人の人間は、完全な共同体の部分である」[11]。したがって、人間はより完全なものへと秩序づけられる仕方で、「完全な共同体の部分」であり、そこでは個の保全と種の保全を前提にした「理性的本性の完全性」に自然法がかかわる。

かくして、自然法は人間の全存在を、その自然本性的な傾きにそくして、永遠法が命じるところのものへと秩序づける。しかるに、「部分はすべて全体へと、不完全なものが完全なものに対するように秩序づけられ」るということは、より下位のものはより上位のものへと秩序づけられることを意味している。したがって、個の保全や種の保全にかかわる傾きは、「神に関して真理を認識することや、社会のうちに生活することに関する自然本性的な傾き」へと収束されなければならない。そして、この次元で、神への認識と愛にそくした似姿の完全性が問われるわけである。

第三節　神的共同体における人定法——似姿の方向性

たしかに、「神の摂理に服しているところのものはすべて、永遠法によって規則が課せられ、基準が与えられている」[12]。規則や基準にかかわるところの法は、もっとも根源的な仕方で、永遠法にもとづいている。そして、永遠法の分有が自然法であり、自然法は人間の自然本性的な傾きにそくした仕方で人間を秩序づける。

その一方、「おのおのの法がそれへと秩序づけられることは、従属する者たちによって法が遵守されるということである」[13]。このかぎりにおいて、法は「従属する者たち」との関係から成立するが、この関係は、永遠法と自然法の関係にとどまるわけではない。アクィナスは、『神学大全』第二―一部第九五問題で、「人定法」それ自体について論じているが、「人間によって制定された法はすべて、自然法から導きだされるか」を問題にしている第二項の主文で、次のように言っている。

人間によって制定された法はすべて、ただ自然法から導きだされる場合にかぎり、「法としての性格」を有する。これに対して、もし何らかの点で自然法と一致しないならば、それはもはや法ではなく、法の「腐敗(corruptio)」であろう。しかるに、あることが自然法から導きだされるのに、二通りの仕方がありうることは知っておくべきである。一つには、「原理から結論が導きだされる仕方」であり、もう一つは、「ある共通したことがらからの限定（determinatio）として導きだされる仕方」である。第一の仕方は、もろもろの学において、原理から論証的な結論が生みだされる仕方に似ている。これに対して、第二の仕方は、もろもろの技術において、共通した形相が何らかの特殊的な形相へと限定されるという仕方に似ている。たとえば、「建築家」は、家に関する一般的な形相を、あれこれという家の形態へと限定しなければならない。したがって、あることがらは自然法の共通的な原理から、結論という仕方で導きだされる。ちょうど、「殺すなかれ」ということが、「何人に対しても悪を為してはならぬ」ということから、何らかの結論として導きだされうるようにである。これに対して、あることがらは、限定という仕方で導きだされる。たとえば、「罪を犯した者は罰せられるべきである」ということは自然法にもとづいているが、「どのような刑で罰せられるか」は、自然法に対する何らかの限定である。それゆえ、この両方とも人定法において制定されていることが見いだされる。しかるに、第一の仕方によるものは、いわば単に法によって制定されているということとして人定法に含まれているのではなく、自然法からもその「効力（vigor）」の一部を有している。しかしながら、第二の仕方によるものは、ただ人定法からのみ、その効力を有している(14)。

人定法が真に法としての性格を獲得するのは、「ただ自然法から導きだされる場合」であり、「もし何らかの点で自然法と一致しないならば、それはもはや法ではなく、法の腐敗であろう」。人定法は「人間によって制定された法」であるから、自然法と合致しない可能性は現実的なものである。しかし、そのような場合は、法の腐敗であって、法としての成立要件を満たしていない。

しかるに、「あることが自然法から導きだされる」のは、「もろもろの学において、原理から論証的な結論が生みだされる」ような「原理から結論が導きだされる仕方」と、「建築家は、家に関する一般的な形相を、あれこれという家の形態へと限定」するように、「もろもろの技術において、共通した形相が何らかの特殊的な形相へと限定されるという」、「ある共通したことがらからの限定として導きだされる仕方」の二通りがある。

前者の「結論という仕方」では、論証的な仕方で、ある原理からさまざまな結論が導きだされる。自然法の場合、その規定を原理として、実践理性が何らかの結論を導くと考えられる。じっさい、「実践理性における第一の原理は、善とはすべてのものが欲求するものであるという、善の性格にもとづいて確立され」、「善は実行すべき、追求すべきものであり、悪は避けるべきものであるということが、法の第一の規定である」のに対し、「実践理性が自然本性的な仕方で人間的な善であると捉えるところの、実行すべきあるいは避けるべきことのすべてが、自然法の規定にかかわっている(15)」。実践理性における第一の原理から、さまざまな結論が導きだされるが、このことは、自然法の規定からの結論であろう。

したがって、「あることがらは自然法の共通的な原理から、結論という仕方で導きだされる」場合、「殺すなかれということが、何人に対しても悪を為してはならぬということから、何らかの結論として導きだされうるように」、自然法の規定から、さらに具体的な結論が導きだされることになる。

これに対して、「限定という仕方」では、一般的で共通した形相から、あれこれという具体的で特殊的な形相へと限定される。自然法の場合、「実行すべきあるいは避けるべきことのすべて」に関する規定が限定されることになると考えられる。そして、「罪を犯した者は罰せられるべきであるということは自然法にもとづいているが、どのような刑で罰せられるかは、自然法に対する何らかの限定である」ということにおいて、「罰せられるべき」という一般的な規定が具体的な刑へと限定されている。

前者の「結論という仕方」で人定法が制定される場合は、「自然法からもその効力の一部を有している」。原理から導きだされた結論であるかぎり、その結論は原理を反映していなければならない。その一方、後者の「限定という仕方」で人定法が制定される場合は、「ただ人定法からのみ、その効力を有している」。人定法が有する法的な効力は、構造的には自然法に由来しているとしても、「自然法に対する何らかの限定」という点では、人定法特有のものということになる。たとえば、「どのような刑で罰せられるか」ということは、人定法が独自に制定することがらである。

じっさい、「神に関して真理を認識することや、社会のうちに生活することに関する自然本性的な傾きを人間は有している」ということから、「人間が無知を避けるべきであるとか、親しくつきあっていくべき人に嫌な思いをさせないとか、またこの傾きにかかわる、ほかのこのようなことがら」が自然法に属している。しかし、「社会のうちに生活する」ためには、自然法から何かより具体的な規定が導きだされなければならない。いずれにせよ、自然法を現実の生の中でどのように実現させていくかに、似姿としての方向性がかかっているのである。

第四節　神的共同体における連帯性——似姿としてのペルソナ

では、「法的正義による人間の人定法への一致」からは、どのようなことが導きだされるのであろうか。まず、「結論という仕方」では、自然法を原理として、さまざまなことが導きだされうる。自然法の原理から結論として導きだされる人定法に関しては、「自然法からもその効力の一部を有している」ことから、かかる人定法との一致において、自然法の原理が目に見える仕方で具現化されることになる。そして、そこに人間の連帯性が自然法の結論として成立するのである。

これに対して、「限定という仕方」では、「ただ人定法からのみ、その効力を有している」。じっさい、「法とは、ある完全な共同体を統宰する統治者における、実践理性の何らかの命令にほかならない(16)」。しかるに、「建築家は、家に関する一般的な形相を、あれこれという家の形態へと限定」する場合、その限定のあり方は、まさに建築家の技量にかかっている。同様に、限定という仕方で統治者によって制定される人定法は、たしかに「もし何らかの点で自然法と一致しないならば、それはもはや法ではなく、法の腐敗」として位置づけられるにしても、そこにどれだけ自然法との一致が認められるかは、統治者（それが一人であれ、多数であれ）の力量に左右されることになるであろう。まさに、「もろもろの技術において、共通した形相が何らかの特殊的な形相へと限定されるという仕方」である以上、どのように限定されるかは、その技術にかかっているのである。

したがって、かかる人定法との一致において、そこに自然法との一致がどれだけ見いだされるかは、時代や地理的な状況によって左右される可能性がある。その一方、政治的共同体など、さまざまな共同体における共同善への秩序づけは、帰結的な意味においてはこの人定法によって現実化される。

それゆえ、法的正義によって、「人間は、すべての徳のはたらきを共同善へと秩序づけるところの法に、一致する」という場合の「法」は、我々人間にとって、第一義的には「自然法」であると考えられる。そして、「自然法との一致」という点からは、この一致はすべての人間の自然本性的な傾きにそくしているかぎり、最も普遍的な意味での「連帯性」が根拠づけられる。いかなる人間でも、法的正義によって自然法と一致しているのである。それは、すなわち、種々異なったペルソナにおける連帯性である。

しかし、「永遠法との一致」という点からは、この自然法との一致が、さらに神の摂理と統宰のもとに、永遠的な仕方で根拠づけられる。じっさい、「神の知恵の秩序にしたがって、そのもの自身へと秩序づけられるところのものが、おのおののものにとってしかるべき」なのである。[17] さらに、「理性的被造物自身においては、それによってしかるべきはたらきと目的への自然本性的な傾きを有するところの、永遠なる理念が分有されている」。[18] その意味において、永遠法との一致という仕方で、人間の連帯性は神の摂理のうちに根源的な仕方で成立することになる。

その一方、「人定法との一致」という点からは、自然法の、現世的という意味でのより現実的な連帯性が考えられる。そして、この連帯性は、我々にとってより身近な連帯性であり、本来的な連帯性への出発点となりうる。それは、似姿としてのペルソナが、他者への均等性を通じて共同善へと向かう運動の起点として捉えられるであろう。

註

（1）S. T. II-II, q.58, a.5, c.　序註（7）参照。
（2）S. T. I-II, q.91, a.1, c.　第一部第一章註（8）参照。

（3）S. *T.* I-II, q.93, a.6, c.　第二部第二章註（3）参照。

（4）註（3）参照。

（5）S. *T.* I-II, q.93, a.6, ad 2.　第二部第二章註（7）参照。

（6）S. *T.* I-II, q.62, a.1, c.　第四部第二章註（5）参照。

（7）註（3）参照。

（8）S. *T.* I-II, q.91, a.2, c.　第二部第二章註（1）参照。

（9）S. *T.* I-II, q.94, a.2, c.　第二部第三章註（8）参照。ここで、傾きは規定ではないが、傾きを追求することにおいて理性を用いることから規定が導きだされる（Boler 1999, pp.167–168）。

（10）S. *T.* I, q.21, a.1, c.　第三部第三章註（13）参照。

（11）S. *T.* I-II, q.90, a.2, c.　第二部第一章註（16）参照。

（12）註（8）参照。

（13）S. *T.* I-II, q.92, a.1, c.　第二部第二章註（13）参照。

（14）S. *T.* I-II, q.95, a.2, c. Unde omnis lex humanitus posita intantum habet de ratione legis, inquantum a lege naturae derivatur. Si vero in aliquo, a lege naturali discordet, iam non erit lex sed legi corruptio. Sed sciendum est a lege naturali dupliciter potest aliquid derivari: uno modo, sicut conclusiones ex principiis; alio modo, sicut determinationes quaedam aliquorum communium. Primus quidem modus est similis ei quo in scientiis ex principiis conclusiones demonstrativae producuntur. Secundo vero modo simile est quod in artibus formae communes determinantur ad aliquid speciale: sicut artifex formam communem domus necesse est quod determinet ad hanc vel illam domus figuram. Derivantur ergo quaedam a principiis communibus legis naturae per modum conclusionum: sicut hoc quod est non esse occidendum, ut conclusio quaedam derivari potest ab eo quod est nulli esse malum faciendum. Quaedam vero per modum determinationis: sicut lex naturae habet quod ille qui peccat, puniatur; sed quod tali poena puniatur, hoc est quaedam determinatio legis naturae. Utraque igitur inveniuntur in lege humana posita. Sed ea quae sunt primi modi, continentur lege humana non tanquam sint solum lege posita, sed habent etiam aliquid vigoris ex lege naturali. Sed ea quae sunt secundi modi, ex sola lege humana vigorem habent. ここから明らかなように、自然法はそれ自身としては定式化されない「書かれざる法」として位置づけられる（稲垣一九九七、三二〇頁）。また、自然法は不変の原理にもとづいていることになる（Dougherty 1984, p.195）。一方、永遠法から距離のある模倣のために、人定法は派生的で効力の弱い法である（Jordan 2006, p.148）。

（15）*S.T.*I-II, q.94, a.2, c.　第二部第三章註（2）参照。

（16）註（2）参照。

（17）*S.T.*I, q.21, a.1, ad 3.　第四部第一章註（11）参照。

（18）註（8）参照。

結論　共同体の可能性

第一節　主権と連帯性——神的共同体の可能性

人間が自らのはたらきの主であるということは、アクィナスの倫理思想の前提であり、その意味で、神的共同体そのものの前提でもある。「人間は、理性と意志によって自らのはたらきの主」であり、「意志の対象は、目的であり善である」ゆえに、「すべての人間的行為は目的のためにあるものでなければならない[1]」。人間は、目的への運動において、自らのはたらきの主であり、「理性的被造物は自由意思によって自分自身をはたらきへと動かす[2]」。かかる主としての主権を有するということが、アクィナスの人間理解の根本にある。

たしかに、「聖なる教えにおいては、すべてが神を根拠として取り扱われる」のであり、「それらが神自身であること、あるいは根源または究極としての神に秩序づけられているということを根拠として論じられる」ことから、「神こそは真の意味でこの学の主題であることが帰結する[3]」。神的共同体は、神を根源とし、究極とするところの共同体である。すなわち、すべては神から存在へと導かれ、神へと還元される。さらに、「世界が神的な摂理によって支配されていることを認めるならば、宇宙の共同体全体が神的な理念によって統宰されているということは明らかである[4]」。

したがって、人間が自らのはたらきの主であると言っても、このことは、根源であり究極である神との関係において、何らかの限定された意味において用いられており、その主権は神によって統宰されている。その一方、主はあくまで主なのであり、その主権は人間に固有なものとして帰せられる。じっさい、「理性的被造物は自由意思によって自らのはたらきの主権を有するから、何らかの特別な仕方で神の摂理に服して」おり、「かかる被造物には、何かが罪科ないし功徳へと帰せられ、また、罰ないし報いとして何かが与えられる」[5]。

このように、人間は神への運動において、どこまでも自らのはたらきの主である。すべては神の摂理のもとにあるが、人間は自らのはたらきの主として特別な仕方で摂理に服しており、そこに、罪科や功徳の可能性が認められる。神と人間は、「無限に隔たっており、人間の善であるところのものの全体は神にもとづくから」、「神と人間のあいだには、最大度の不均等性が存することは明らかである」が、しかしながら「それへと神が人間にはたらきの力を割り当てるところのものを、人間が、自らのはたらきを通じて、報酬のごとくに神から獲得する」[6]。人間の神への運動は、神と人間双方のはたらきによって成立し、神が与えたものを人間が獲得するという仕方で展開される。

じっさい、「人間の本性を越える至福」に関しては、「それへと人間はただ神の力によって、何らかの神性の分有にそくして到達することができる」[7]。人間は、本来、超自然本性的なことがらに対して、自然本性的な仕方で秩序づけられているとしても、そこにいたるか否かは人間の主権のもとにはない。交換的正義は「神に適合しない」からである[8]。それにもかかわらず、何らかの仕方で至福にかかわると考えられる「功徳」の性格を有することが可能になる。

それゆえ、自らのはたらきの主であるということは、人間の自然本性的な能力にもとづく、人間の自然本性的な主権を意味する一方、このことのうちに、すでに人間の超自然本性的な完成への方向性と可能性がより現実的な仕方で示されている。人間が神的共同体の一員となりうるのは、まさに、主という人間のあり方にかかっている。

しかるに、自らのはたらきの主であるということは、単なる能動性を意味しているわけではない。じっさい、「主によってその命令にそくして動かされるということが僕に属するかぎりにおいて」、「隷属と主権の関係は、能動と受動にもとづいて確立される」[9]。主であるということは、僕との関係から成立しており、「僕のいない主はなく、主のいない僕もない」[10]。人間がその主である人間的行為そのものも、「人間が自分自身を動かす、そして、人間が自分自身によって動かされる」という能動と受動の構造のもとに成立している[11]。じっさい、「神から道具のごとく動かされる」ことが「人間が自由意思によって自らを動かす」ことを可能にしている[12]。

かかる「能動と受動」という観点は、神的共同体の理解において、欠かすことができない。人間はたしかに自らのはたらきの主である。しかし、このことは、自らを僕とすることによって主になりうるという、「受動性を前提にした能動性」を意味している。そして、僕として動かされるということこそ、キリストの人間本性にもとづく我々の道なのである。それゆえ、人間は自らを僕と位置づけることにより、そこにいわば主を乗り超えた連帯性が可能になり、「共同善のための主」として、神的共同体の部分になりうるわけである。

第二節　自然法と連帯性——神的共同体の超越性

人間は、神を範型とする似姿であり、「自由意思と自らの行動の権力を持つ者として、人間もまた自らの行動の根源である」[13]。人間が自らのはたらきの主であるということも、「自らの行動の根源」という点から導きだされている。しかるに、似姿はもともと「原因」である範型を表現する「結果」を意味しており、「原因を、その形相の類似性に関するかぎりにおいて表現」するのが「似姿の表現」である[14]。したがって、人間が神の似姿であるかぎり、人間のうちにはかかる「似姿の表現」が見いだされなければならない。

人間が神の似姿であるという場合の「似姿の表現」は、神への認識と愛にそくして認められ、「神を知性認識し愛するということへの自然本性的な適性を人間が有するかぎりにおいて」は、「精神の自然本性そのもののうちに成立している」似姿が「すべての人間のうちに」、「人間が現実態か能力態によって神を認識し愛するが、しかし不完全な仕方によるかぎりにおいて」は、「恩恵の相似性による似姿」が「義人のみに」、さらに「人間が神を現実態によって完全に認識し愛するかぎりにおいて」は、「栄光の類似性にもとづく似姿」が「ただ至福者のうちに見いだされる」(15)。すなわち、人間において神への認識と愛がより完全になればなるほど、それだけより完全な似姿となり、より完全な仕方で範型である神を表現することになるわけである。

もちろん、「恩恵」も「栄光」も、人間にとって超自然本性的なものであるから、ここでも、人間は超自然本性的な完全性へと自然本性的な仕方で秩序づけられていることになる。しかしながら、似姿という点から、人間にはこの秩序づけに関するより現実的な可能性が開かれている。すなわち、「人間本性における似姿の類似性は、神を受容しうる者であるかぎりにおいて、すなわち、人間が認識と愛という固有なはたらきによって神自身に触れることにそくして認められる」のである(16)。

たしかに、神に触れるということは、神からの恩恵によってより現実化されるとしても、似姿であるということ自体が、神へと向かう運動へと秩序づけられている。そして、完全な似姿とは、範型と同じ本性を有する「子」としての似姿であるから(17)、この運動は、神に対するより完全な子性、すなわち「養子採用における子性」へと方向づけられている。

そして、「養子採用は、本性に随伴する特有性ではないが、理性的本性がそれを受容しうるところの、恩恵に随伴する特有性」であり、「それゆえ、養子採用は、すべての理性的被造物に適合しなければならないというわけではない」が、「すべての理性的被造物は、養子採用を受容しうる者でなければならない」(18)。養子採用そのものは、人間の自然本性を超えたことがらであるけれども、「恩恵に随伴する特有性」であり、人間は似姿の特質にそくして「恩恵を受容しうる者」であるかぎり、「養子採用を受容しうる者」として位置づけられる。似姿の類似性は、神への、そして養子採用への受容能力によって、神に触れることを可能にする。

ところで、このような可能性は、けっして個々人の個別的な可能性ではないように思われる。アクィナスは、自然法論の中で、「人間にとって固有である理性の本性にそくした善への傾きが人間に内在して」おり、「神に関して真理を認識することや、社会のうちに生活することに関する自然本性的な傾きを人間は有している」と言っている。(19)このことから、ふたつのことが導きだされうるのではないだろうか。

まず、本書第三部第一章第一節で触れたように、人間の社会的生活は、かりに普遍的な意味に拡大解釈されうるとしても、神に関する何らかの認識をともなって、本来的な仕方で、可能になるという点である。たとえば、人間が目に見えないものに対する畏敬の念を持つことにより、「社会のうちに生活すること」が可能になる。すなわち、この可能性は、より超越的な存在への認識をともなっていると考えられる。このような、「超越性への開き」なしに、人間の社会生活は、本来、成立しないのではないだろうか。この点は、とくに人間の死の理解にかかわっている。じっさい、人間が生きるということは、「生」の対極にある「死」への行程にほかならない。この意味で、似姿による神への受容能力が社会的生活を支えている。

次に、これとは逆の可能性が認められるのではないだろうか。すなわち、「神に関して真理を認識すること」は、本来、「社会のうちに生活すること」から現実化されるのである。たとえ、社会から隔絶した仕方で生きている人間であっても、「神に関して真理を認識する」ということは、神的共同体の部分として自らを位置づけることなしには不可能である。

この意味で、「社会生活」が「神認識」のいわば前提になっているとも考えられる。神的共同体は、最終的には超自然本性的で永遠的な共同体として捉えられよう。しかし、現実の世界の中で苦しみもがきながらどうにか生きている我々にとっては、もっと身近な共同体における具体的な社会生活を通じて、「神に関して真理を認識すること」が可能となるのではないだろうか。そして、その場合にかぎり、かかる共同体は、何らかの仕方で、神的共同体として位置づけられる。「社会のうちに生活すること」は、けっして自分自身によって完結する生き方ではなく、主としての主権から単純に導きだされることがらでもない。

じっさい、「全体が属する共同善とは神自身であり、神のうちにすべての者の至福は成立して」おり、「ちょうど部分が全体の善へと秩序づけられるように、直しき理性と自然本性の誘発にそくして、おのおのの者は自ら自身を神へと秩序づける」が、「このことはたしかに、愛徳によって完成され」、「愛徳によって、人間は自ら自身を神のために愛する」[20]。何らかの共同体において、おのおのの者が、社会のうちに生活するという連帯性にそくして自ら自身を神へと秩序づけるということこそ、「神的共同体における似姿による表現」なのである。そして、その場合の表現は、私の表現というよりは、むしろ、我々の表現として捉えられるであろう。

第三節　正義と連帯性——神的共同体の普遍性

「自らのはたらきの主権を持ち」、「自体的な仕方ではたらくところの、理性的実体においては、個別的、個的なものが、何らかのより特別、より完全な仕方で見いだされ」、「諸行為は単一者のうちに存する」から、「理性的本性を持った単一者」はペルソナという特別な名を有している[21]。人間がペルソナであるということは、似姿の特質と自らのはたらきの主としての主権から導きだされる。人間にペルソナという名が帰せられるということは、人間が、「理性的本性を持った単一者」としての「超越性」だけではなく、神なる三位一体に通じるような、ある種の「部分としての性格」の所有を意味しているように思われる。

じっさい、「部分はすべて全体へと、不完全なものが完全なものに対するように秩序づけられており、一人の人間は、完全な共同体の部分であるから、法は、本来、共通の幸福への秩序づけにかかわることは必然」であって、「すべての法は、共同善へと秩序づけられている」[22]。すなわち、全体には部分が属するかぎり、全体は部分の完全性の集合体として、部分に対してより完全なものとして位置づけられる。そして、「部分の全体への秩序づけ」から、「共同善への秩序づけ」が帰結されるのである。

しかるに、この場合の「部分と全体の関係」は、究極的には、自然法と永遠法との関係に由来していると言えよう。なぜなら、「理性的被造物自身においては、それによってしかるべきはたらきと目的への自然本性的な傾きを有するところの、永遠なる理念が分有されている」からである[23]。かかる分有にそくして、自然法は永遠法の部分として位置づけられるであろう。

また、「世界が神的な摂理によって支配されていることを認めるならば、宇宙の共同体全体が神的な理念によって統宰されているということは明らかである」。永遠法とは、宇宙の共同体全体を統宰する神的な理念であり、自然法とは、理性的被造物自身における永遠なる理念の分有である。したがって、人間は、自然法における自然本性的な傾きにそくして、全体であり共同善である神へと秩序づけられているのである。かかる秩序づけのうちに、人間の連帯性の根源が見いだされるのではないだろうか。

ところで、かかる部分と全体の関係から、「全体の善がそのいかなる部分にとっても目的であるように、共同善は、共同体のうちに存在している個別的な個々のペルソナにとっての目的である」ということになる[24]。ここでは、「共同体の部分としてのペルソナ」と「全体の善である共同善」の関係が、「共同善は、個々のペルソナにとっての目的である」という仕方で示されている。

さらに、この関係から、法的正義と特殊的正義が区別され、「共同善へと秩序づけられている法的正義は、ほかの個別的なペルソナの善へと秩序づけられる特殊的正義よりも、それによって人間が何らかの仕方で自分自身へと態勢づけられる内的情念へと自らを押しひろげることができる」[25]。

かくして、神的共同体において、ペルソナは、法的正義によっては共同善へと、特殊的正義によっては個別的なペルソナの善へと、直接的な仕方で秩序づけられる。ペルソナのうちには、全体に対する部分としての特質が認められ、「共同善のためのペルソナ」という仕方で、共同体へと秩序づけられている。そして、この点に、神的共同体の普遍性を見いだすことができる。それは、部分としてのペルソナが全体である神的共同体に対して秩序づけられるところの、共同善にそくした普遍性にほかならない。

第四節　共同体の可能性――神的共同体の本質

いかなる共同体も、人間の集合体ではなく共同体であるためには、そこに何か共通的なものがなければならない。まず、目的という点からは、何らかの共通の目的が必要となる。じっさい、「人間は、理性と意志によって自らのはたらきの主」であるが、「意志の対象は、目的であり善である」から、「すべての人間的行為は目的のためにあるものでなければならない」。その一方、「人間は神へと、神が目的であるように秩序づけられているが、この目的は理性による把握を超えているから」、「人間の救いのためには、人間の理性によって探求される哲学的な諸学問のほかに、神の啓示にもとづく何らかの教えが存在するということが必要であった」[26]。

人間の目的への秩序づけは、最終的には「神への秩序づけ」へと通じている。さらに、「神は、人間の、そしてすべてのほかのものの究極目的」であるから[27]、「目的への秩序づけ」は「究極目的への秩序づけ」となる。その一方、「全体が属する共同善とは神自身であり、神のうちにすべての者の至福は成立して」いる。

このように、個別的なペルソナの次元では、究極目的が「実践的なことがらにおける第一の根源」である[28]。究極目的への欲求は必然的であり、「必然にもとづいて人間は至福を欲しているのであって、至福者ではないことや悲惨なる者であることを欲することはできない[29]」。これに対して、「共同体の部分としてのペルソナ」という次元では、「共同善は、共同体のうちに存在している個別的な個々のペルソナにとっての目的である」から、共通の幸福である共同善が、共同体全体の目的ということになる。

じっさい、「正義は人間を、他者への関連において秩序づける」が、「何らかの共同体のもとに含まれる者はすべて、部分が全体に対するように、その共同体へと関連づけられるということは明らか」であり、「いかなる徳の善も」、「それへと正義が秩序づけるところの共同善にまで帰せられうる」ことから、「人間を共同善へと秩序づけることにもとづいて、すべての徳のはたらきは、正義に属することができ」、この「法的正義」によって、「人間は、すべての徳のはたらきを共同善へと秩序づけるところの法に、一致する[30]」。

したがって、このような「法との一致」にそくした「連帯性」が、共同体を共同体たらしめる要因となる。それは、共同善への運動における連帯性である。そして、この運動そのものは、「他者への均等性」を通じて、「共助」という仕方で現実化される。

かくして、人間は、主として、似姿として、ペルソナとして、神的共同体における部分であり、「他者への均等性」を前提にした「連帯性」によって、個々の部分の運動は共同体全体の運動として展開することが可能になる。神的共同体で求められている至福とは、個人の個別的な幸福ではなく、共同体全体にかかわる究極的な至福でなければならない。

かかる共同体全体の運動を根拠づけるものが、我々にとって第一義的には「自然法との一致」にもとづく連帯性であるとしても、人定法、自然法、そして永遠法それぞれの一致にもとづいて、人間の連帯性はより根源的なものとなる。たしかに、個々の人間は、それ自体としてはきわめて弱く醜い存在にすぎない。しかし、共同体における連帯性こそが、この苦しい世の中で生き抜くことを、我々に可能なものとせしめる。「小さな群れよ、恐れるな。あなたがたの父は喜んで神の国をくださる。」（ルカ一二・三二）。

ペルソナとしての人間は、おのおのが「共同体の部分」である。そして、共同体全体の善である「共同善」を「他者への均等性」を通じて目的とすることにより、すなわち、究極目的への秩序づけを共同善への秩序づけへと発展させることから、そしておそらくこの仕方によってのみ、超自然本性的な完全性へと自らを、他者を、そして共同体そのものを態勢づけることが可能になる。人間の神的可能性とは、本来、単に個としてのペルソナに対してではなく、他者への均等性を前提にした共同体の部分としてのペルソナに対して開かれている。ここに、神的共同体の超越性と普遍性が成立している。そして、共同善の超越性という観点から神認識と社会的生活が密接に結びついているのであれば、かかる超越性と普遍性において、神学には人類全体にかかわる「学」としての性格が見いだされうると、筆者は考えている。

註

（1）S. T. I-II, q.1, a.1, c.　第一部第一章註（3）参照。
（2）S. T. I-II, q.114, a.1, c.　第四部第一章註（19）参照。
（3）S. T. I, q.1, a.7, c.　第一部第一章註（5）参照。

（4）S. *T.*I-II, q.91, a.1, c.　第一部第一章註（8）参照。
（5）S. *T.*I, q.22, a.2, ad 5.　第二部第二章註（10）参照。
（6）註（2）参照。
（7）S. *T.*I-II, q.62, a.1, c.　第四部第二章註（5）参照。
（8）S. *T.*I, q.21, a.1, c.　第三部第三章註（13）参照。
（9）S. *T.*III, q.20, a.1, ad 2.　第一部第三章註（13）参照。
（10）*In X Metaphys.*, l.8, n.2094.　第一部第三章註（10）参照。
（11）S. *T.*I-II, q.1, a.3, c.　第一部第三章註（15）参照。
（12）S. *T.*I-II, q.21, a.4, ad 2.　序註（5）参照。
（13）S. *T.*I-II, prologus.　第一部第二章註（2）参照。
（14）S. *T.*I, q.45, a.7, c.　第一部第三章註（4）参照。
（15）S. *T.*I, q.93, a.4, c.　第一部第二章註（14）参照。
（16）S. *T.*III, q.4, a.1, ad 2.　第四部第二章註（14）参照。
（17）S. *T.*I, q.35, a.2, ad 3.　第一部第二章註（11）参照。
（18）S. *T.*III, q.23, a.3, ad 3.　第四部第二章註（16）参照。
（19）S. *T.*I-II, q.94, a.2, c.　第二部第三章註（8）参照。
（20）*De Perf. Vitae Spirit.* c.13, n.634.　序註（6）参照。
（21）S. *T.*I, q.29, a.1, c.　第一部第三章註（17）参照。
（22）S. *T.*I-II, q.90, a.2, c.　第二部第一章註（16）参照。
（23）S. *T.*I-II, q.91, a.2, c.　第二部第二章註（1）参照。
（24）S. *T.*II-II, q.58, a.9, ad 3.　第二部第一章註（13）参照。
（25）註（24）参照。
（26）S. *T.*I, q.1, a.1, c.　第一部第一章註（1）参照。

（27）註（9）参照。
（28）註（22）参照。
（29）S. T. I-II, q.13, a.6, c. 第二部第二章註（12）参照。
（30）S. T. II-II, q.58, a.5, c. 序註（7）参照。

あとがき

本書は恩師の一言から。最初の本が出版され、神戸大学への博士論文を書いていたころ、その本を携えて母校の南山大学を訪れたことがありました。新約聖書学の江川憲神父に本の出版と次の博士論文について報告したところ、「君はなんで外の大学でばかり出して、自分の大学には出さないの?」と言われ、私は思わず、「神戸大学から博士号を無事取得できましたら、次は南山への博士論文に挑戦します」と答えてしまいました。

しかし、しばらくはまったく手も足も出ない。二〇〇八年に神戸大学から博士(経済学)の学位をいただいてからは、体調を崩したこともあり、とても三本目は無理となかば諦め、学会などで江川神父にお会いした時は、「今、頑張って書いています」と、お茶を濁しておりました。

ただ、少しずつ構想が湧いてきました。実は二〇〇九年より、永合位行神戸大学経済学部教授を研究代表者とする科研費による共同研究に、研究分担者として参加しています。ここでは、中間組織の経済倫理学的な基礎づけから出発して、現在はポスト福祉国家レジーム構築のための実践的で具体的な秩序構想を模索しています。中間組織の基本原則は、連帯と共助。そこで、自助・共助・公助の区別を用いてアクィナスの神学を分析できたら、とても興味深いことになるのではないか。少し光明が見えてきました。

とは言っても、なかなか筆は進まない。そうこうしているうちに、大きな転機を迎えました。二〇一二年六月、江川神父がお亡くなりになってしまったのです。生きている人との約束なら、守れなくても「ごめんなさい」と謝ることができますが、亡くなられた人との約束ではそうはいきません。何があっても書かなければならない。強い使命感が私の心に生まれました。

「自助・共助・公助」と「連帯性の根拠」という観点から、アクィナスの共同体論全体を見直しました。そして、「人間であるところの、また人間が為しうる、さらに持つところの全体は、神へと秩序づけられなければならない」という神的共同体における連帯性を、法と正義の分析から明らかにしようとしたのです。

当初、主査は大森正樹南山大学教授（今は名誉教授）が担当されました。大森先生には定年退職間際の大変お忙しい中、審査に尽力していただき、何と感謝していいのか、私には感謝の言葉も見いだせません。二〇一三年度中の審査というデッドラインの中でどうにか博士論文を仕上げ、二〇一三年九月に南山大学へ提出し、二〇一四年二月一四日、鳥巣義文南山大学教授、坂下浩司南山大学教授、桑原直己筑波大学教授を副査として審査が行われました。口頭試問では合格でしたが、その後の委員会でクレームが付けられました。今回は神学という領域での博士論文ですが、先の二つの著作と引用個所が重なっている部分が少なくなかったのです。この点を修正するように指摘され、必死に修正して夏に再提出。二回目の試問は二〇一四年一〇月一七日に、鳥巣先生が主査、大森先生、坂下先生、桑原先生、西脇純南山大学教授が副査として行われました。

その後、今度は無事手続きが進み、二〇一四年一一月二六日に学位が授与されました。まさか三つもの博士号を取得するとは、まったく考えてもいませんでした。最初、一〇年ほどかけた博士論文が長くなりすぎて、前半を「個としての人間の超越性」としてまとめて京都大学に提出し、後半の共同体論を神戸大学に提出しました。このことだけでも、研究者としてとても幸せなことです。ともあれ、恩師との約束を果たすことができ、大きな喜びを感じています。

大森先生、鳥巣先生、桑原先生、永合先生をはじめとする多くに先生方、諸先輩方、勤務先である鹿児島純心女子短期大学の先生方、ともに真理を語り合った友人たち、そして、共同研究者でもある妻恵子の支えがあって、どうにか研究を出版という形にまとめることができました。この場を借りて、皆様に心からの感謝を表明いたします。

さて、今年は山田晶先生がお亡くなりになられてから、もう一〇年となります。しかし、私にとっては昨日のことのようです。前著のあとがきで、「これからの私の人生は、山田先生の思い出とともに歩むことになるであろう」と書かせていただきましたが、まさに、山田先生への問いかけの中から、本書は生まれました。

二〇〇九年一二月に渋谷克己先生が、二〇一〇年四月に中川純男先生があいついでお亡くなりになられました。お二人には本当にいろいろとお世話になりました。南山大学入学時より、私を哲学の世界へと誘い、親身に指導してくださり、研究の面だけではなく、仲人として代父として、私たち家族を導いてくださった蒔苗暢夫先生も、二〇一三年七月に帰天されました。そして、昨年六月には、たいへんお世話になった山本耕平先生も旅立たれました。この書を諸先生方との思い出に捧げます。

二〇一八年夏

著者

＊本研究は、JSPS 科研費 17H02505、基盤研究（B）「統合的経済倫理学に基づくポスト福祉国家レジームの構築：多元的秩序構想の実践的展開」、および、JSPS 科研費 16K02225、基盤研究（C）「スコラ哲学における正義論の変遷――トマス・アクィナス以前・以後――」の助成を受けたものです。

文献表

I　テキスト

トマス・アクィナス

S.T.　*Summa Theologiae*, ed. Paulinae, Torino: Editiones Paulinae, 1988.

In Metaphys.　*In duodecim libros Metaphysicorum Aristotelis Expositio*, ed. Cathala, M.-R. et Spiazzi, R. M., Torino-Roma: Marietti, 1950.

De Perf. Vitae Spirit.　*De Perfectione Vitae Spiritualis*, ed. Spiazzi, R. M., Trion-Roma: Marietti, 1954.

II　引用文献

本書では、何らかの仕方で言及した文献を「引用文献」として、註における文献表示に対応させている。序註（1）参照。

Aertsen 1999　Aertsen, J. A., “Thomas Aquinas on the Good: The Relation between Metaphysics and Ethics”, *Aquinas's Moral Theory: Essays in Honor of Norman Kretzmann* (ed. MacDonald, S. and Stump, E.), Ithaca-London: Cornell University Press, pp.235-253.

Aillet 1993　Aillet, M., *Lire la Bible avec s. Thomas: Le passage de la littera à la res dans la Somme théologique* (Studia Friburgensia Nouvelle Série 80), Fribourg Suisse: Éditions Universitaires

Fribourg Suisse.

Aubert 1982 Aubert, J. -M., “Le monde physique en tant que totalité et la causalité universelle selon saint Thomas d’Aquin”, *La Philpsophie de la nature de Saint Thomas d’Aquin* (Studi Tomistici 18, ed. L. J. Elders), Citta del Vaticano: Libreria Editrice Vaticana, pp. 82–106.

Bigongiari 1997 Bigongiari, D.,“Introduction”, *The Political Ideas of St. Thomas Aquinas*, New York: The Free Press, pp.vii–xxxvii.

Boler 1999 Boler, J., “Aquinas on Exceptions in Natural Law”, *Aquinas’s Moral Theory: Essays in Honor of Norman Kretzmann* (ed. MacDonald, S. and Stump, E.), Ithaca–London: Cornell University Press, pp.161–204.

Brett 2003 Brett, A. S., “Political philosophy”, *The Cambridge Companion to Medieval Philosophy* (ed. McGrade, A.S.), Cambridge: Cambridge University Press, pp. 276–299.（佐々木亘訳「政治哲学」、川添信介監訳、『中世の哲学（ケンブリッジ・コンパニオン）』京都大学学術出版会、四〇五—四三八頁、二〇一二年）

Brown 1969 Brown, P., “St. Thomas’ Doctrine of Necessary Being”, *Aquinas: A Collection of Critical Essays* (ed. Kenny, A.), Notre Dame: University of Notre Dame Press, pp.157–174.

Cates 2002 Cates, D. F., “The Virtue of Temperance (IIa IIae, qq.141–170)”, *The Ethics of Aquinas* (ed. Pope, S.J.), Washington, D.C.: Georgetown University Press, pp.321–339.

Chenu 2002 Chenu, M. D. (tr. Philibert, P.), *Aquinas and His Role in Theology*, Collegeville: The Liturgical Press.

Clarke 2004 Clarke, W. N., *Person And Being* (The Aquinas Lecture 1993), Milwaukee: Marquette University Press.

Cuypers 2002 Cuypers, S. E., “Thomistic Agent–Causalism”, *Mind, Metaphysics, and Value in the Thomistic and Analytical Traditions* (ed. Haldane, J.), Notre Dame: University of Notre Dame Press, pp.90–108.

Dauphinais·Levering 2002 — Dauphinais, M. and Levering M., *Knowing the Love of Christ: An Introduction to the Theology of St. Thomas Aquinas*, Notre Dame: University of Notre Dame Press.

Deck 1969 — Deck, J. N., "St. Thomas Aquinas and the Language of Total Dependence", *Aquinas: A Collection of Critical Essays* (ed. Kenny, A.), Notre Dame: University of Notre Dame Press, pp.237–254.

DeCrane 2004 — DeCrane, S. M., *Aquinas, Feminism, and the Common Good*, Washington, D. C.: Georgetown University Press.

Di Blasi 2006 — Di Blasi, F. (tr. Thunder, D), *God and the Natural Law: A Rereading of Thomas Aquinas*, South Bend: St. Augustine's Press.

Dodds 2004 — Dodds, M. J., "The Teaching of Thomas Aquinas on the Mysteries of the Life of Christ", *Aquinas on Doctrine: A Critical Introduction* (ed. Weinandy, T. G., Keating, D. A., and Yocum, J. P.), London–New York: T&T Clark International, pp.91–115.

Dougherty 1984 — Dougherty, J. P., "Keeping the Common Good in Mind", *The Ethics of St. Thomas Aquinas* (Studi Tomistici 25, ed. Elders L. J. and Hedwig, K.), Citta del Vaticano: Libreria Editrice Vaticana, pp.188–201.

Elders 1984 — Elders, L. J., "St. Thomas Aquinas' Commentary on the Nicomachean Ethics", *The Ethics of St. Thomas Aquinas* (Studi Tomistici 25, ed. Elders, L. J. and Hedwig, K.), Citta del Vaticano: Libreria Editrice Vaticana, pp.9–49.

Emery 2004 — Emery, G., "The Doctrine of the Trinity in St Thomas Aquinas", *Aquinas on Doctrine: A Critical Introduction* (ed. Weinandy, T.G., Keating, D. A., and Yocum, J. P.), London–New York: T&T Clark International, pp.45–65.

Eschmann 1997 Eschmann, I. T., *The Ethics of Saint Thomas Aquinas: Two Courses* (Etienne Gilson Series 20), Toronto: Pontifical Institute of Mediaeval Studies.

Finnis 1980 Finnis, J., *Natural Law and Natural Rights*, Oxford: Clarendon Press.

Finnis 1998 Finnis, J., *Aquinas: Moral, Political, and Legal Theory*, Oxford: Oxford University Press.

George 2004 George, R. P., "Kelson and Aquinas on the Natural Law Doctrine", *St. Thomas Aquinas and the Natural Law Tradition: Contemporary Perspectives* (ed. Goyette, J., Latkovic, M. S. and Myers, R. S.), Washington, D. C.: The Catholic University of America Press, pp.237–259.

Grabmann 1949 Grabmann, M., *Thomas von Aquin: Persönlichkeit und Gedankenwelt*, München: Kösel Verlag.

Grisez 1969 Grisez, G. G., "The First Principle of Practical Reason: A Commentary on the Summa Theologiae, 1–2, Question 94, Article 2", *Aquinas: A Collection of Critical Essays* (ed. Kenny, A.), Notre Dame: University of Notre Dame Press, pp.340–382.

Hall 1994 Hall, P. M., *Narrative and the Natural Law: An Interpretation of Thomistic Ethics*, Notre Dame–London: University of Notre Dame Press.

Hittinger 2004 Hittinger, R., "Thomas Aquinas on Natural Law and the Competence to Judge", *St. Thomas Aquinas and the Natural Law Tradition: Contemporary Perspectives* (ed. Goyette, J., Latkovic, M. S. and Myers, R. S.), Washington, D. C.: The Catholic University of America Press, pp.261–284.

Honnefelder 2002 Honnefelder, L., "The Evaluation of Goods and the Estimation of Consequences: Aquinas on the Determination of the Morally Good", *The Ethics of Aquinas* (ed. Pope, S.J.), Washington, D. C.: Georgetown University Press, pp.426–436.

Hood 1995 Hood, J. Y. B., *Aquinas and the Jews*, Philadelphia: University of Pennsylvania Press.

Hoogland 2003 Hoogland, M.-R., *God, Passion and Power: Thomas Aquinas on Christ Crucified and the Almightiness of God*, Utrecht: Peeters Leuven.

Johnson 1991 — Johnson, M, F., "The Sapiential Character of the First Article of the Summa theologiae", *Philosophy and the God of Abraham: Essays in Memory of James A. Weisheipl, OP* (Papers in Mediaeval Studies 12, ed. Long, R. J.), Toronto: Pontifical Institute of Mediaeval Studies, pp.85–98.

Jordan 1999 — Jordan, M. D., "Ideals of Scientia moralis and the Invention of the Summa theologiae", *Aquinas's Moral Theory: Essays in Honor of Norman Kretzmann* (ed. MacDonald, S. and Stump, E.), Ithaca-London: Cornell University Press, pp.79–97.

Jordan 2006 — Jordan, M. D., *Rewritten Theology: Aquinas after His Readers* (Challenges in Contemporary Theology), Malden-Oxford-Carlton: Blackwell Publishing.

Keenan 1992 — Keenan, J. F., *Goodness and Rightness in Thomas Aquias's Summa Theologiae*, Washington. D.C.: Georgetown University Press.

Kenny 1999 — Kenny, A., "Aquinas on Aristotelian Happiness", *Aquinas's Moral Theory: Essays in Honor of Norman Kretzmann* (ed. MacDonald, S. and Stump, E.), Ithaca-London: Cornell University Press, pp.15–27.

Kerr 2002a — Kerr, F., *After Aquinas: Versions of Thomism*, Malden-Oxford-Carlton: Blackwell Publishing.

Kerr 2002b — Kerr, F., "Aquinas after Wittgenstein", *Mind, Metaphysics, and Value in the Thomistic and Analytical Traditions* (ed. Haldane, J.), Noter Dame: University of Notre Dame Press, pp.1–17.

Kerr 2006 — Kerr, F., "Natural Law: Incommensurable Readings", *Aquinas's Summa Theologiae: Critical Essays* (ed. Davies, B.), Lanham: Rowman & Littlefield Publishers, pp.245–263.

Kossel 2002a — Kossel, C. G., "Natural Law and Human Law (Ia IIae, qq.90–97)", *The Ethics of Aquinas* (ed. Pope, S.J.), Washington, D.C.: Georgetown University Press, pp.169–193.

Kossel 2002b — Kossel, C. G., "Thomistic Moral Philosophy in the Twentieth Century", *The Ethics of Aquinas* (ed. Pope, S.J.), Washington, D.C.: Georgetown University Press, pp.385–411.

Lafont 1961 Lafont, G., *Structures et méthode dans la Somme théologique de saint Thomas d'Aquin* (textes et études théologiques), Bruges: Desclée de Brouwer.

Leclercq 1955 Leclercq, J., *La Philosophie Morale de Saint Thomas devant la Pensée Contemporaine* (Bibliothèque Philosophique de Louvain 15), Louvain–Paris: Institut Superieur de Philosophie à l'Université Catholique de Louvain.

Lisska 1996 Lisska, A. J., *Aquinas's Theory of Natural Law: An Analytic Reconstruction*, Oxford: Clarendon Press.

Long 2004 Long, S. A., "Natural Law or Autonomous Practical Reason: Problems for the New Natural Law Theory", *St. Thomas Aquinas and the Natural Law Tradition: Contemporary Perspectives* (ed. Goyette, J., Latkovic, M. S. and Myers, R. S.), Washington, D. C.: The Catholic University of America Press, pp.165–193.

Maritain 1998 Maritain, J., *Man and the State*, Washington, D. C.: The Catholic University of America Press.

Marshall 2005 Marshall, B.D., "Quod Scit Una Uetula: Aquinas on the Nature of Theology", *The Theology of Thomas Aquinas* (ed. Nieuwenhove, R. V. and Wawrykow, J.), Notre Dame: University of Notre Dame Press, pp.1–35.

May 2004 May, W. E., "Contemporary Perspectives on Thomistic Natural Law", *St. Thomas Aquinas and the Natural Law Tradition: Contemporary Perspectives* (ed. Goyette, J., Latkovic, M. S. and Myers, R. S.), Washington, D. C.: The Catholic University of America Press, pp.113–156.

McCabe 2010 McCabe, H., *God and Evil: In the Theology of St. Thomas Aquinas*, London–New York: The Continuum International Publishing Group.

McEvoy 2003 McEvoy, J., "Ultimate goods: hapiness, friendship, and bliss", *The Cambridge Companion to Medieval Philosophy* (ed. McGrade,A.S.), Cambridge: Cambridge University Press, pp. 254–275.

McInerny 1982 McInerny, R., *Ethica Thomistica: The Moral Philosophy of Thomas Aquinas,* Washington, D. C.: The Catholic University of America Press.

Merriell 1990 Merriell, D. J., *To the Image of the Trinity: A Study in the Development of Aquinas' Teaching* (Studies and Texts 96), Toronto: Pontifical Institute of Mediaeval Studies.

Meyer 1961 Meyer, H., *Thomas Von Aquin: sein System und seine Geistesgeschichtliche Stellung*, Paderborn: Ferdinand Schöningh.

Michel 1979 Michel, E., *Nullus Potest Amare Aliquid Incognitum, ein Beitrag zur Frage des Intellektualismus bei Thomas von Aquin* (Studia Friburgensia 57), Freiburg Schweiz: Universitätsverlag Freiburg Schweiz.

Nemeth 2001 Nemeth, C. P., *Aquinas in the Courtroom: Lawyers, Judges, and Judicial Conduct*, Westport: Praeger Publishers.

O'Donnell 1995 O'Donnell, R. A., *Hooked on Philosophy: Thomas Aquinas Made Easy*, New York: The Society of St. Paul.

Pinckaers 1984 Pinckaers, S., "La béatitude dans l'éthique de saint Thomas", *The Ethics of St. Thomas Aquinas* (Studi Tomistici 25, ed. Elders, L. J. and Hedwig, K.), Citta del Vaticano: Libreria Editrice Vaticana, pp.80–94.

Pope 2002 Pope, S. J., "Overview of the Ethics of Thomas Aquinas", *The Ethics of Aquinas* (ed. Pope, S.J.), Washington, D.C.: Georgetown University Press, pp.30–53.

Porter 1990 Porter, J., *The Recovery of Virtue: The Relevance of Aquinas for Christian Ethics*, Louisville: Westminster John Knox Press.

Porter 2005 Porter, J., *Nature as Reason: A Thomistic Theory of the Natural Law*, Grand Rapids-Cambridge: William B. Eerdmans Publishing Company.

Reitan 1991 Reitan, E. A., "Aquinas and Weisheipl: Aristotle's Physics and the Existence of God",

	Philosophy and the God of Abraham: Essays in Memory of James A. Weisheipl, OP (Papers in Mediaeval Studies 12, ed. Long, R. J.), Toronto: Pontifical Institute of Mediaeval Studies, pp.179–190.
Selman 2007	Selman, F., *Aquinas 101: A Basic Introduction to the Thought of Saint Thomas Aquinas*, Notre Dame: Ave Maria Press.
Shin 1993	Shin, C.-S., *"Imago Dei" und "Natura Hominis": Der Doppelansatz der thomistischen Handlungs-lehre* (Epistemata Würzburger Wissenschaftliche Schriften 138), Würzburg: Königshausen & Neumann.
Sigmund 2002	Sigmund, P. E., "Law and Politics", *Thomas Aquinas: Contemporary Philosophical Perspectives* (ed. Davies, B.), Oxford-New York: Oxford University Press, pp.325–337.
Spanneut 1984	Spanneut, M., "Influences stoïciennes sur la pensée morale de saint Thomas d'Aquin", *The Ethics of St. Thomas Aquinas* (Studi Tomistici 25, ed. Elders, L. J. and Hedwig, K.), Citta del Vaticano: Libreria Editrice Vaticana, pp.50–79.
Stone 2002	Stone, M. W. F., "Practical Reason and the Orders of Morals and Nature in Aquinas's Theory of th Lex Naturae", *Mind, Metaphysics, and Value in the Thomistic and Analytical Traditions* (ed. Haldane, J.), Notre Dame: University of Notre Dame Press, pp.195–212.
Stump 1999	Stump, E., "Wisdom: Will, Belief, and Moral Goodness", *Aquinas's Moral Theory: Essays in Honor of Norman Kretzmann* (ed. MacDonald, S. and Stump, E.), Ithaca–London: Cornell University Press, pp.28–62.
Stump 2002	Stump, E., "Aquinas's Account of Freedom: Intellect and will", *Thomas Aquinas: Contemporary Philosophical Perspectives* (ed. Davies, B.), Oxford-New York: Oxford University Press, pp.275–294.

Stump. Kretzmann 2002　Stump, E. and Kretzmann, N., "Being and Goodness", *Thomas Aquinas: Contemporary Philosophical Perspectives* (ed. Davies, B.), Oxford-New York: Oxford University Press, pp.295–323.

Stump 2003　Stump, E., *Aquinas (Arguments of the Philosophers)*, London–New York: Routledge.

Taylor 1991　Taylor, R. C., "Faith and Reason, Religion and Philosophy: Four Views from Medieval Islam and Christianity", *Philosophy and the God of Abraham: Essays in Memory of James A. Weisheipl, OP* (Papers in Mediaeval Studies 12, ed. Long, R. J.), Toronto: Pontifical Institute of Mediaeval Studies, pp.217–233.

Voegelin 1997　Voegelin, E., *History of Political Ideas Volume II: The Middle ages to Aquinas* (The Collected Works of Eric Voegelin volume 20, ed. Sivers, P. V.), Columbia-London: University of Missouri Press.

Weinandy 2004　Weinandy, T. G., "Aquinas: God *IS* Man: The Marvel of the Incarnation", *Aquinas on Doctrine: A Critical Introduction* (ed. Weinandy, T. G., Keating, D. A., and Yocum, J. P.), London-New York: T&T Clark International, pp.67–89.

Wolfe 2004　Wolfe, C., "Thomistic Natural Law and the American Natural Law Tradition", *St. Thomas Aquinas and the Natural Law Tradition: Contemporary Perspectives* (ed. Goyette, J., Latkovic, M. S. and Myers, R. S.), Washington, D. C.: The Catholic University of America Press, pp.197–228.

稲垣 一九九七　稲垣良典『トマス・アクィナス倫理学の研究』（長崎純心大学学術叢書１）、九州大学出版会。

稲垣 二〇〇〇　稲垣良典『神学的言語の研究』、創文社。

桑原 二〇〇五　桑原直己『トマス・アクィナスにおける「愛」と「正義」』、知泉書館。

佐々木 二〇〇五　佐々木亘『トマス・アクィナスの人間論――個としての人間の超越性――』、知泉書館。

佐々木 二〇〇八
鈴木 二〇一四
永合 二〇一一
野尻 二〇〇六
水波 一九八七
山田 二〇一四

佐々木亘『共同体と共同善――トマス・アクィナスの共同体論研究――』、知泉書館。

鈴木純『経済システムの多元性と組織』、勁草書房。

永合位行「中間組織の可能性――多元的秩序構想に向けて――」、『経済社会学会年報』第三三号、七二―七三頁。

野尻武敏『転換期の政治経済倫理序説――経済社会と自然法――』、ミネルヴァ書房。

水波朗『トマス主義の法哲学――法哲学論文選――』、九州大学出版会。

山田晶『トマス・アクィナス　神学大全Ⅰ』（中公クラシックスW75）、中央公論新社。

佐々木　亘（ささき　わたる）

1957年，北海道に生まれる。函館ラ・サール高校，南山大学を経て，同大学院博士課程修了。Sacrae Theologiae Licentiatus（教皇庁認可神学部神学修士），京都大学博士（文学），神戸大学博士（経済学），南山大学博士（宗教思想）。日本学術振興会特別研究員，鹿児島純心女子短期大学講師，助教授を経て，現在同短大教授。
〔主要業績〕『トマス・アクィナスの人間論―個としての人間の超越性―』（知泉書館，2005年），『共同体と共同善―トマス・アクィナスの共同体論研究―』（知泉書館，2008年），『中世の哲学―ケンブリッジ・コンパニオン―』（共訳，京都大学学術出版会，2012年），『経済社会学の新しい地平―私の実践経済社会学―』（共著，桜美林大学北東アジア総合研究所，2013年），「アンセルムスによる神の存在証明―トマス・アクィナスとの関連から―」（『西日本宗教研究誌』第6号，2018年），「他者と共同善―アクィナス正義論の現代的可能性―」（『経済社会学会年報』第40号，2018年），「自然法と人格―アクィナス・メスナー・田中―」（佐々木恵子との共著，『鹿児島純心女子短期大学研究紀要』第49号，2019年）他。

トマス・アクィナスにおける法と正義
―共同体の可能性をめぐって―

発行日………2019年3月8日 初版

著　者………佐々木　亘
発行者………阿部川直樹
発行所………有限会社 教友社
275-0017 千葉県習志野市藤崎6-15-14
TEL047 (403) 4818　FAX047 (403) 4819
URL http://www.kyoyusha.com
印刷所………モリモト印刷株式会社

ISBN978-4-907991-50-0　C3010